DINOSAUR

塗り絵

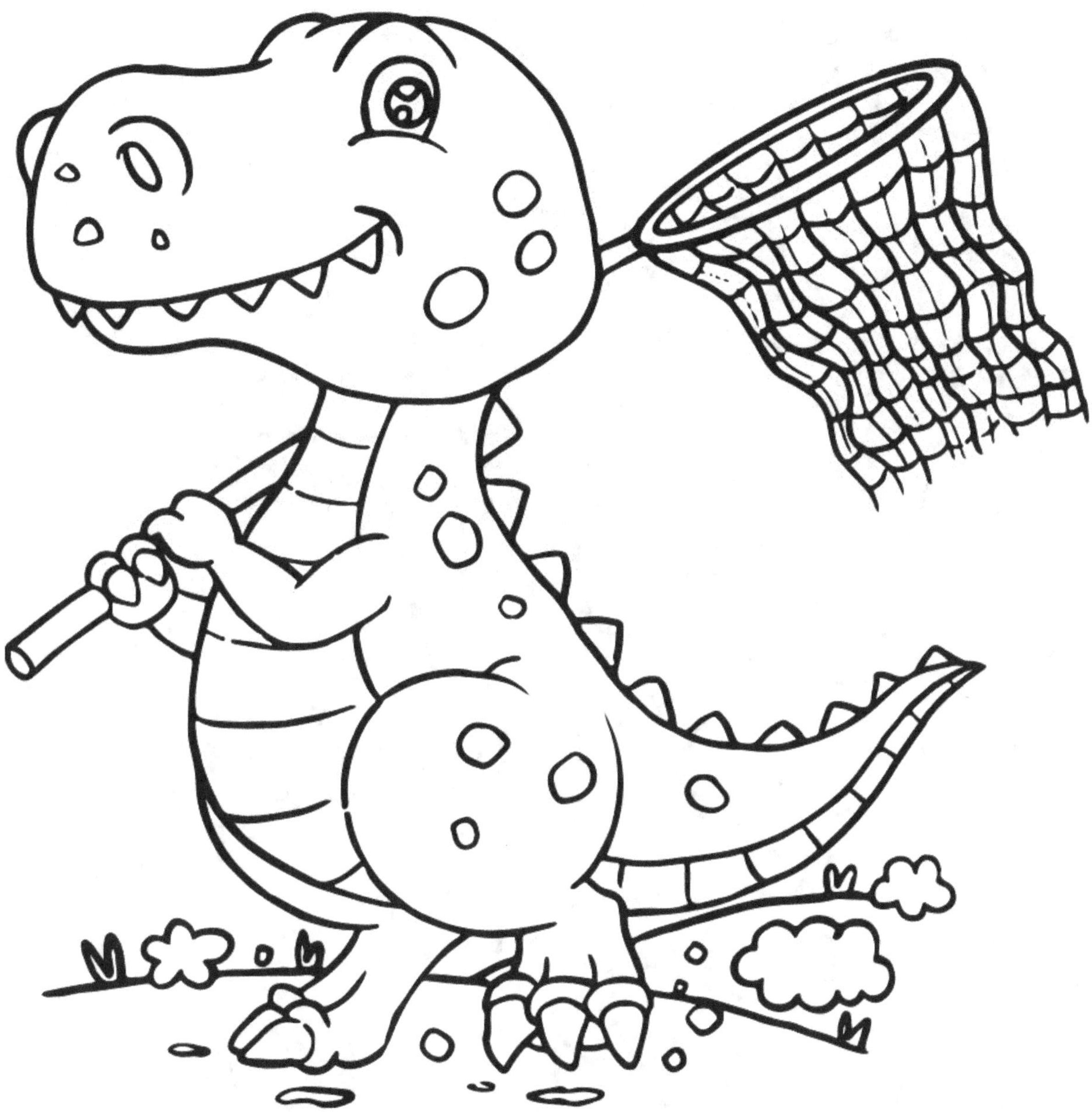

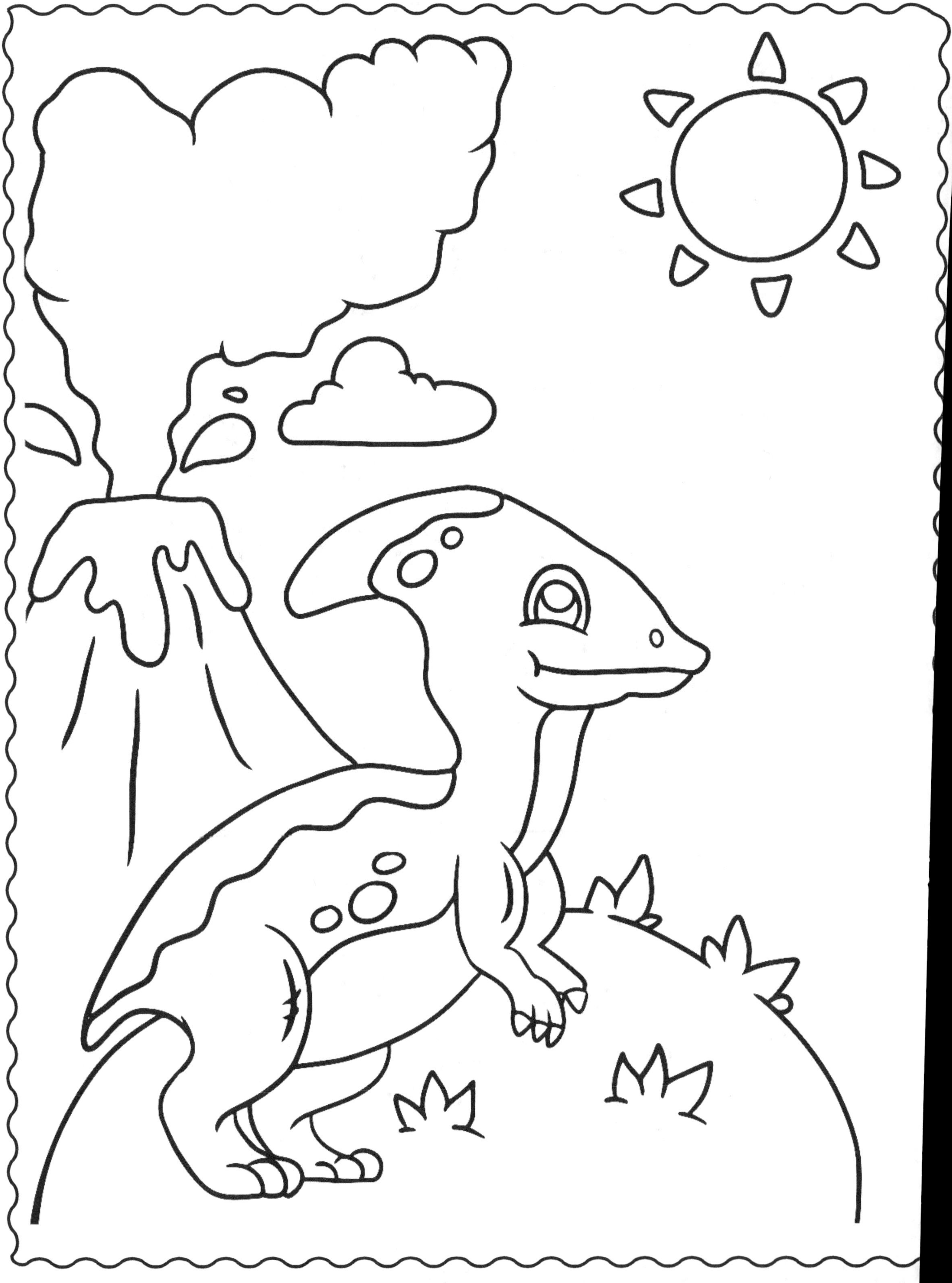

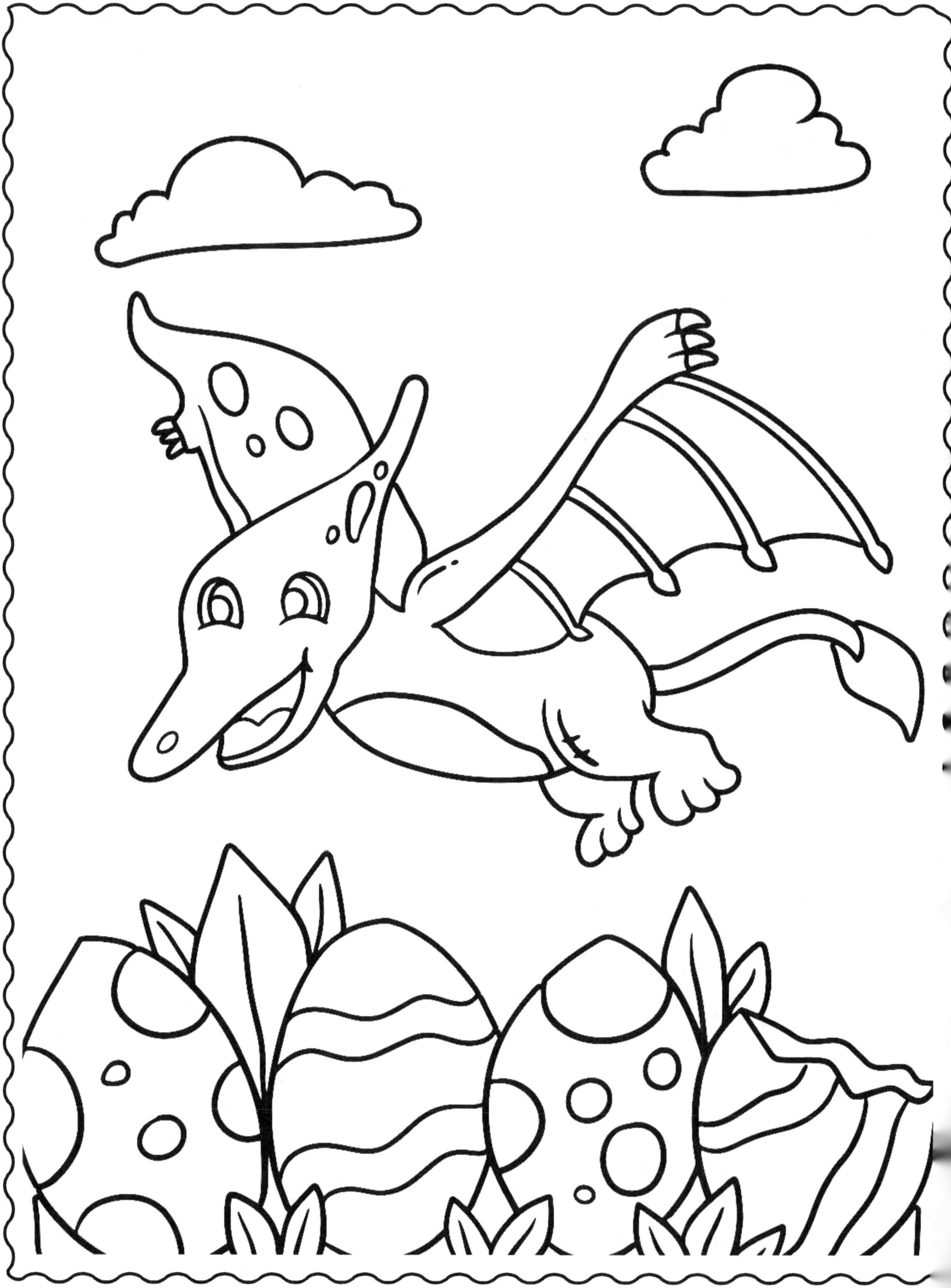

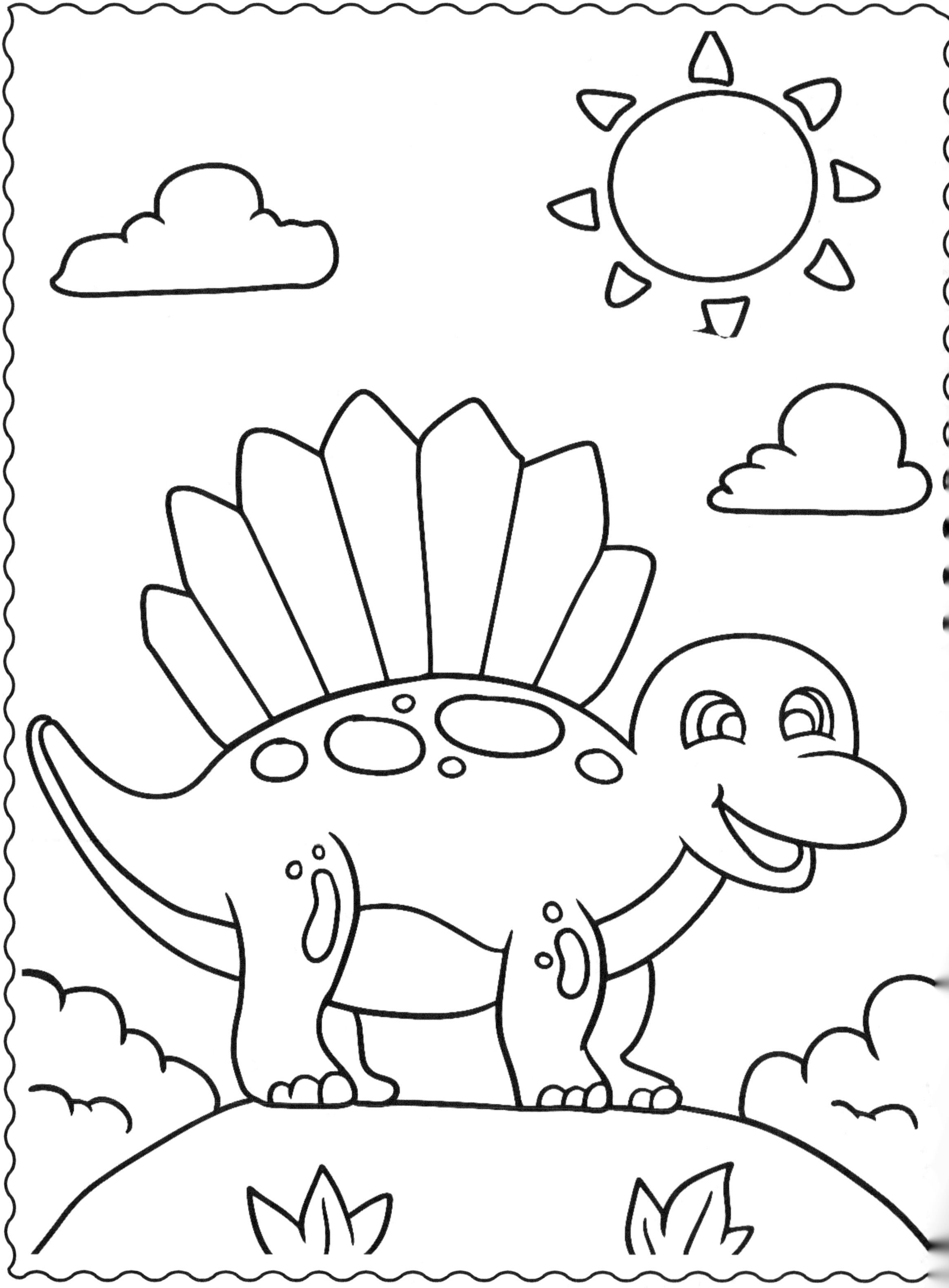

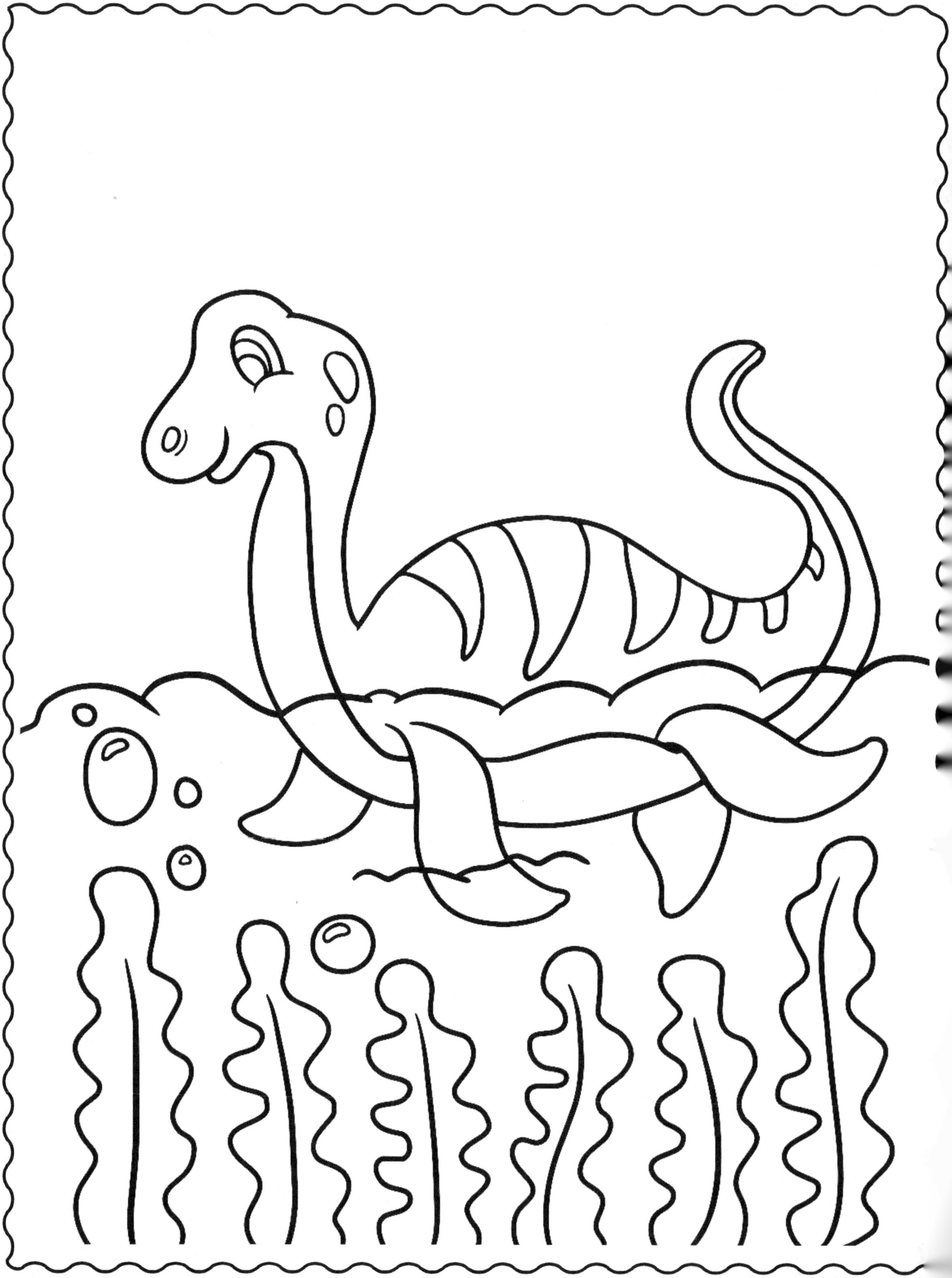

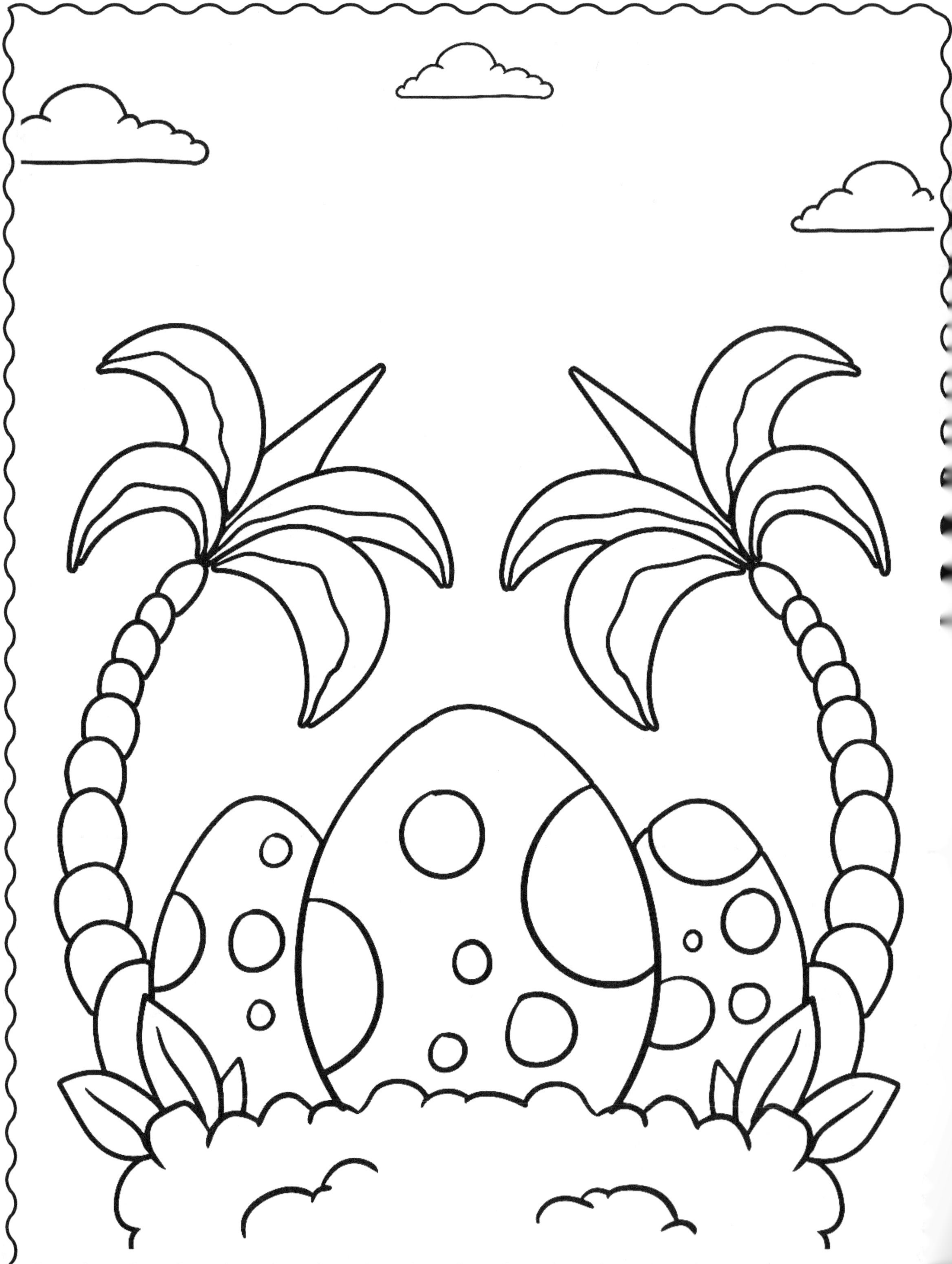

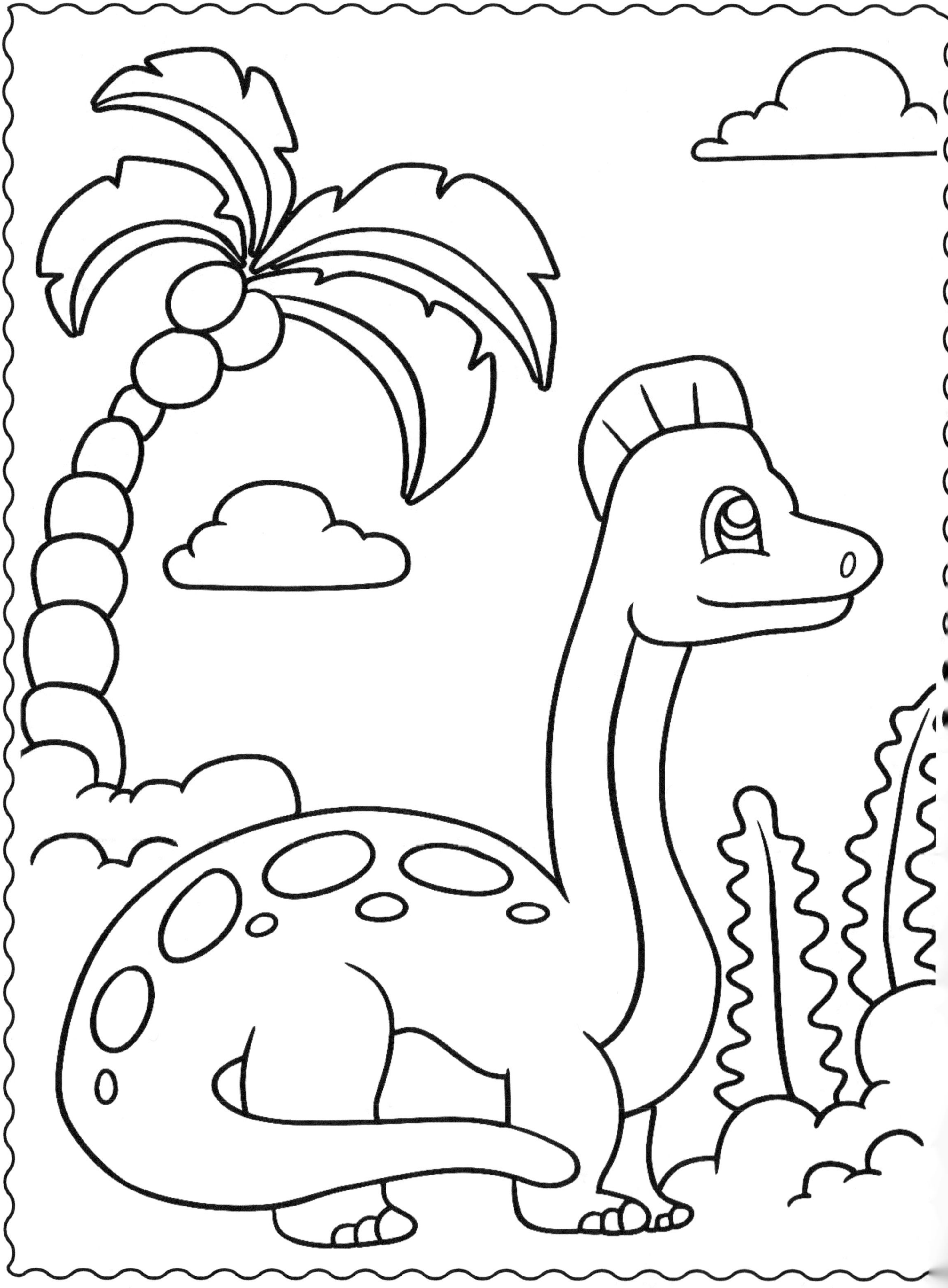

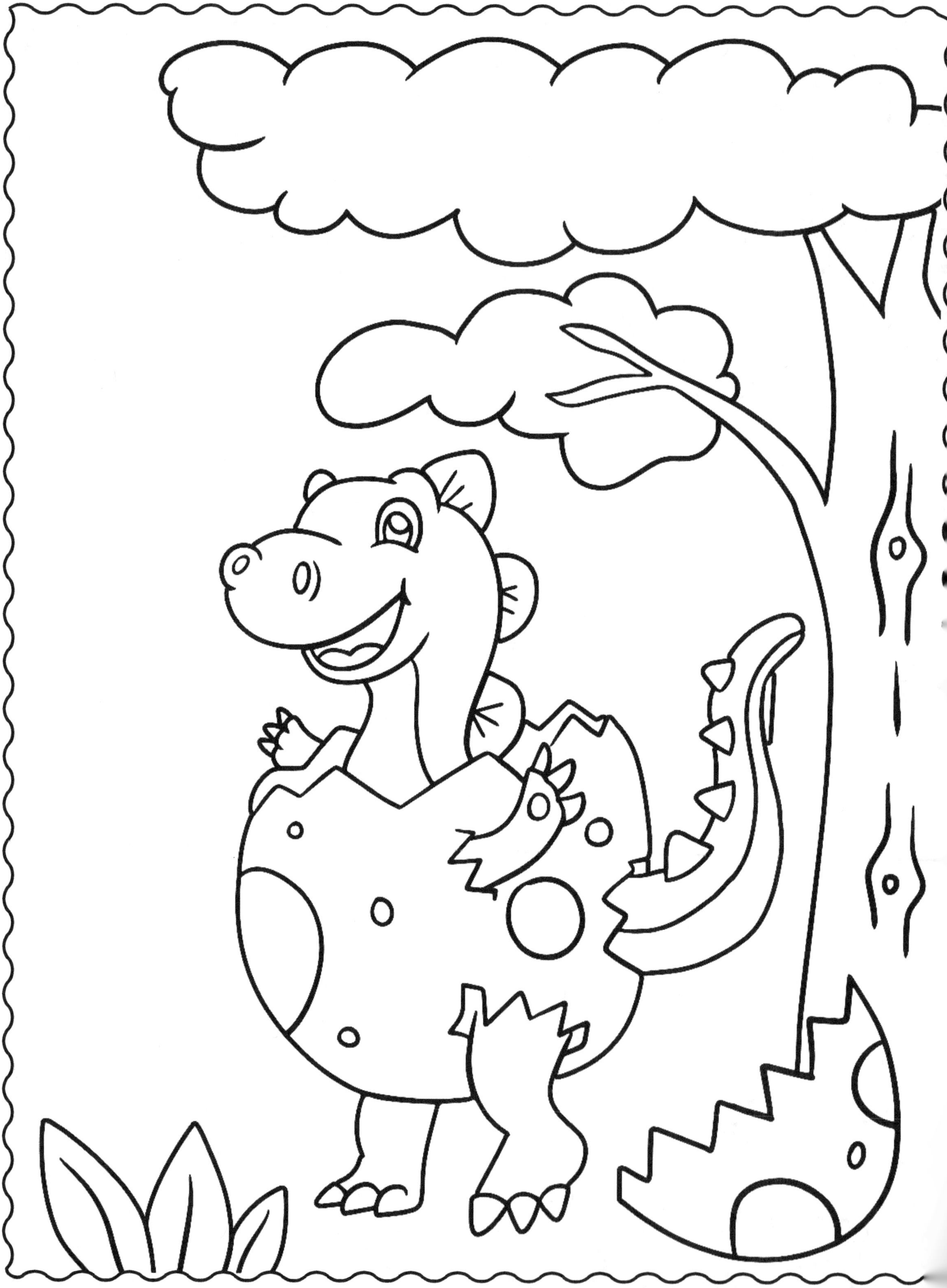

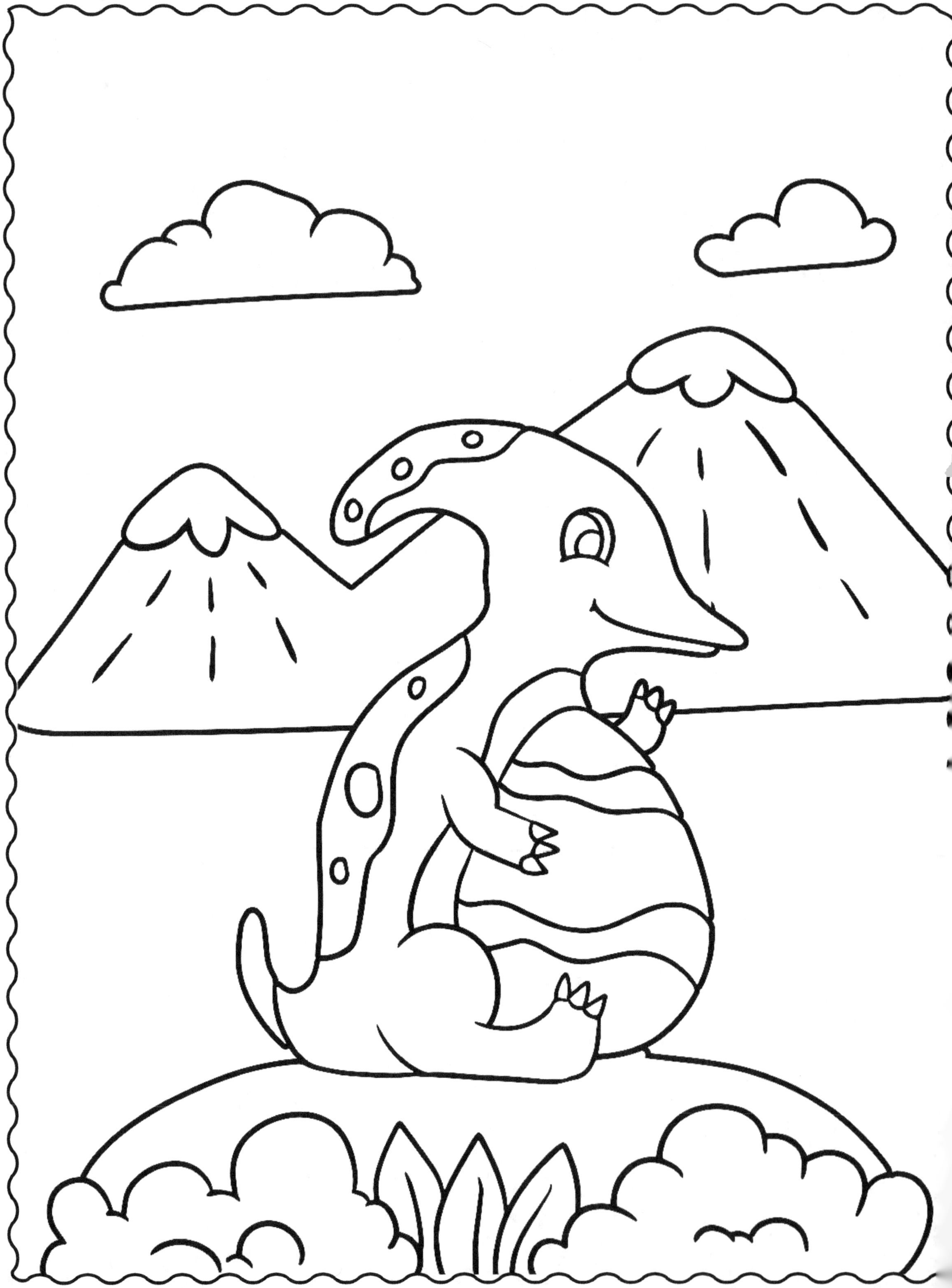

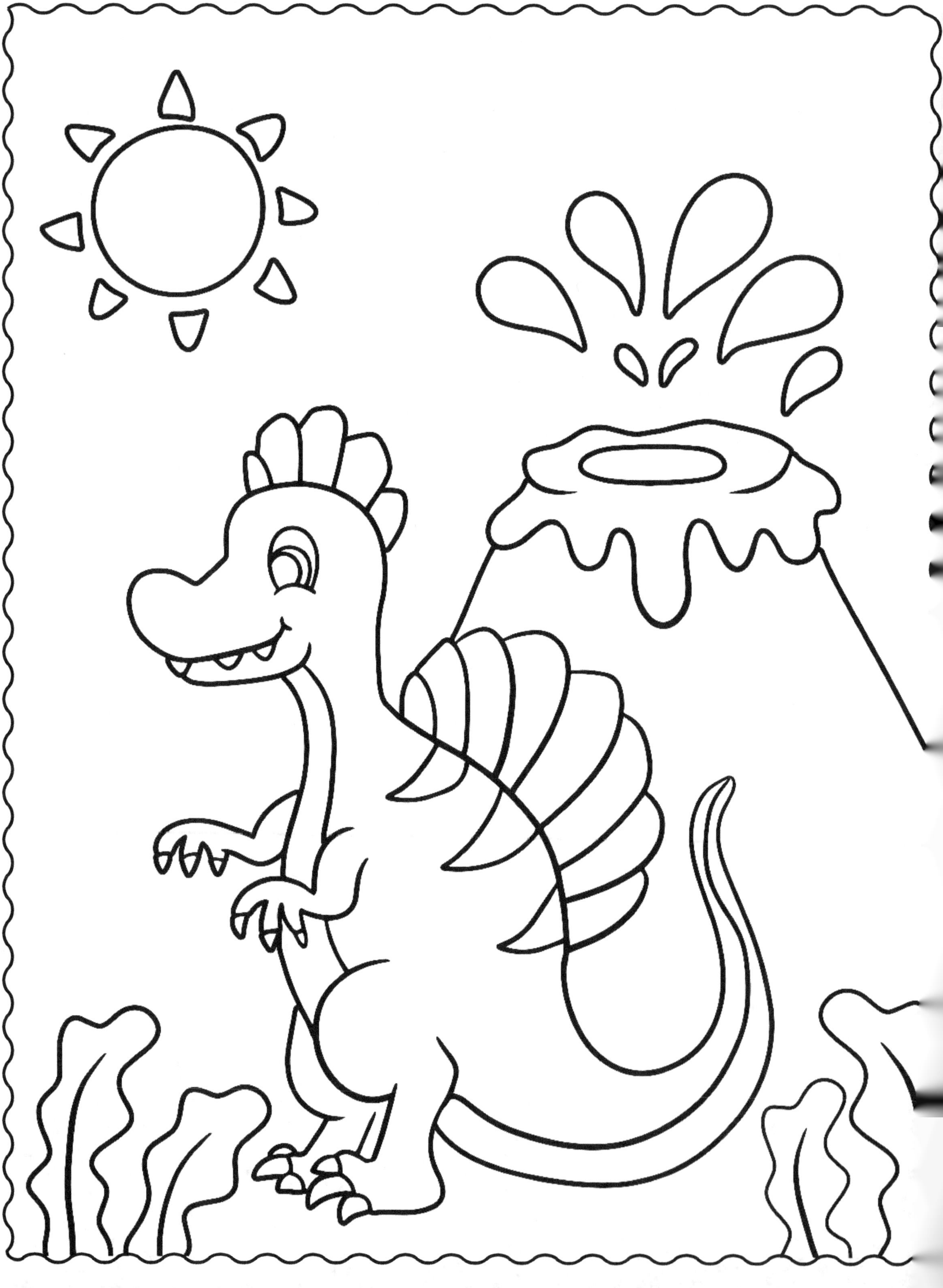

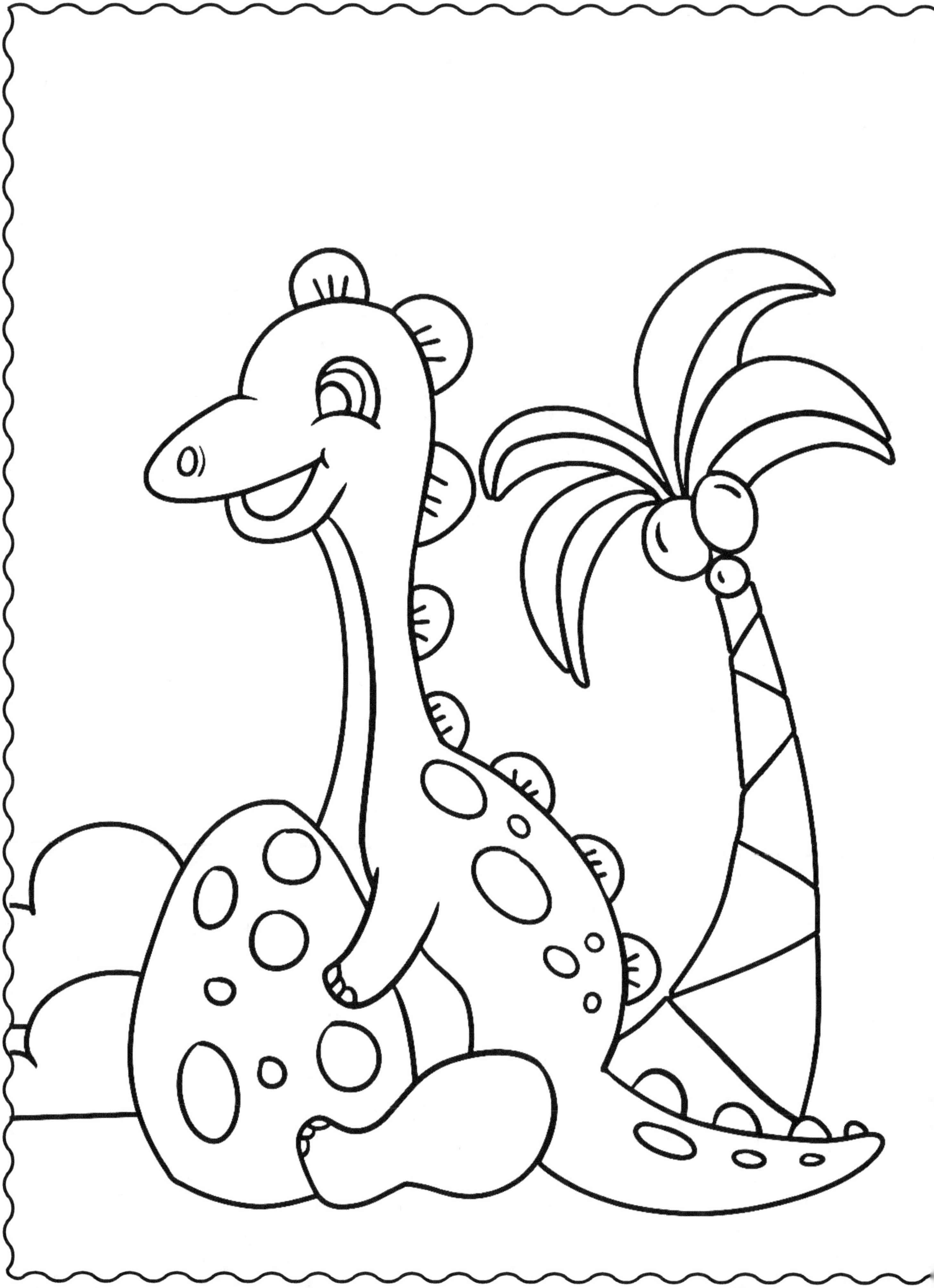

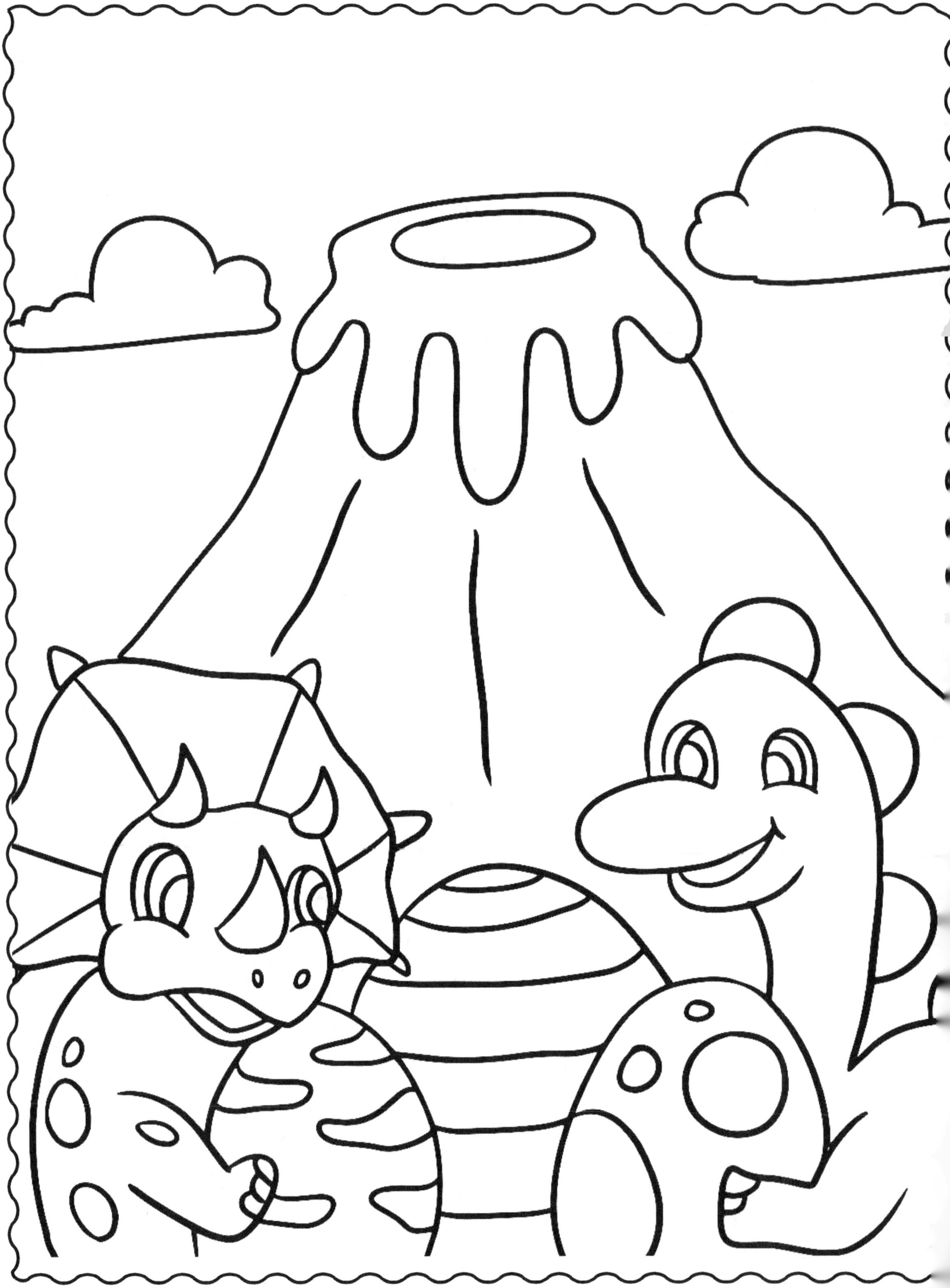

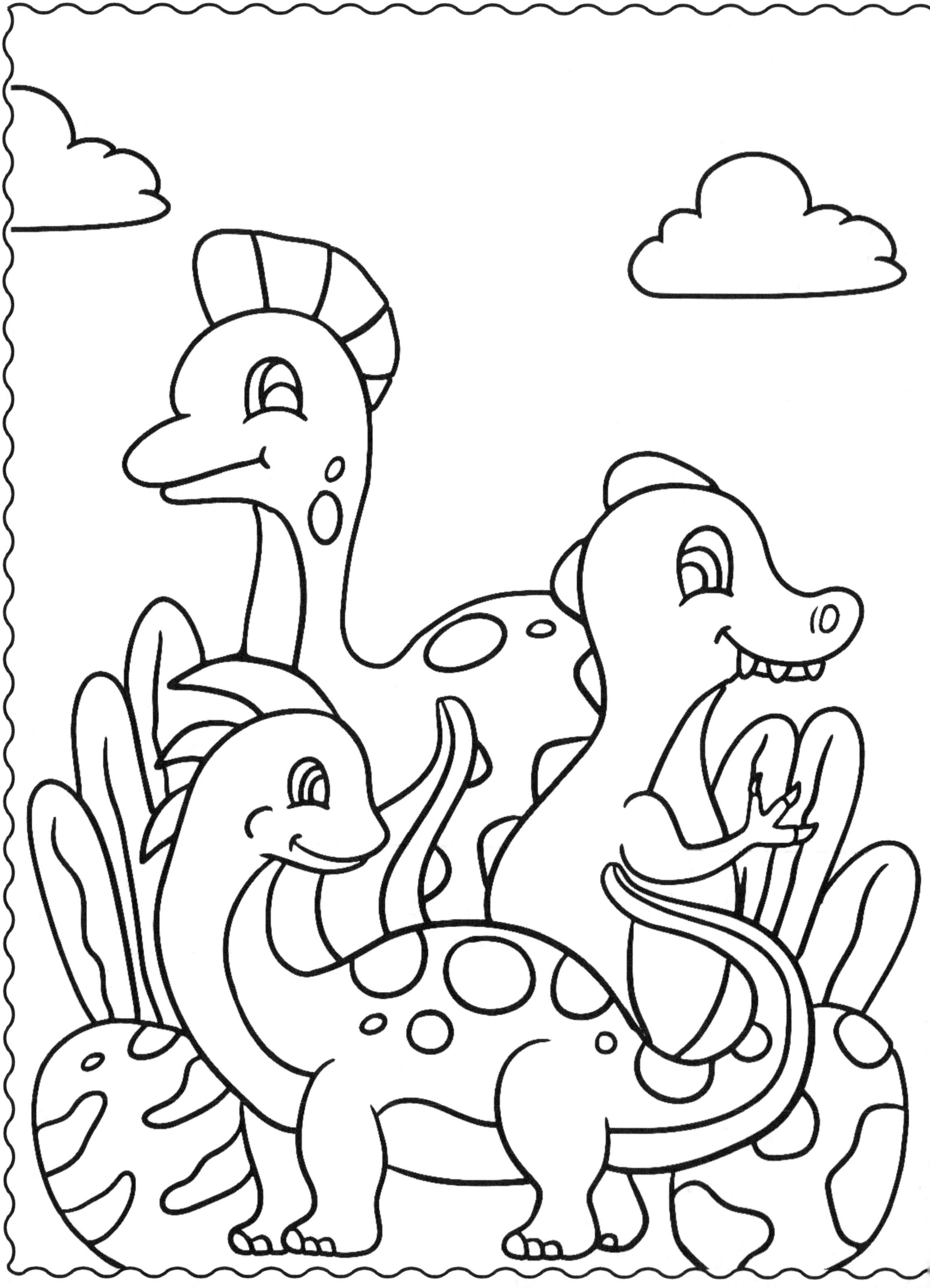

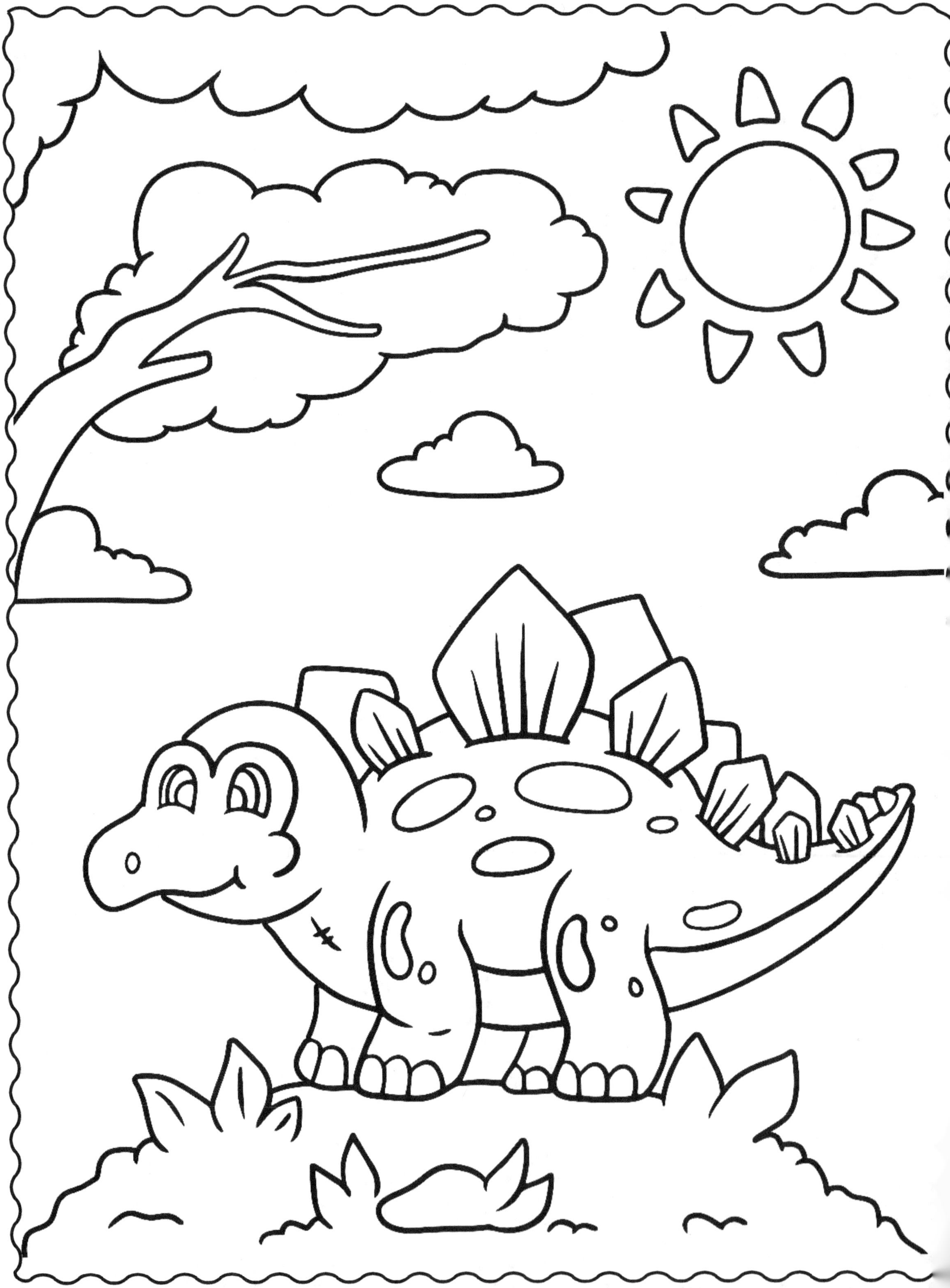

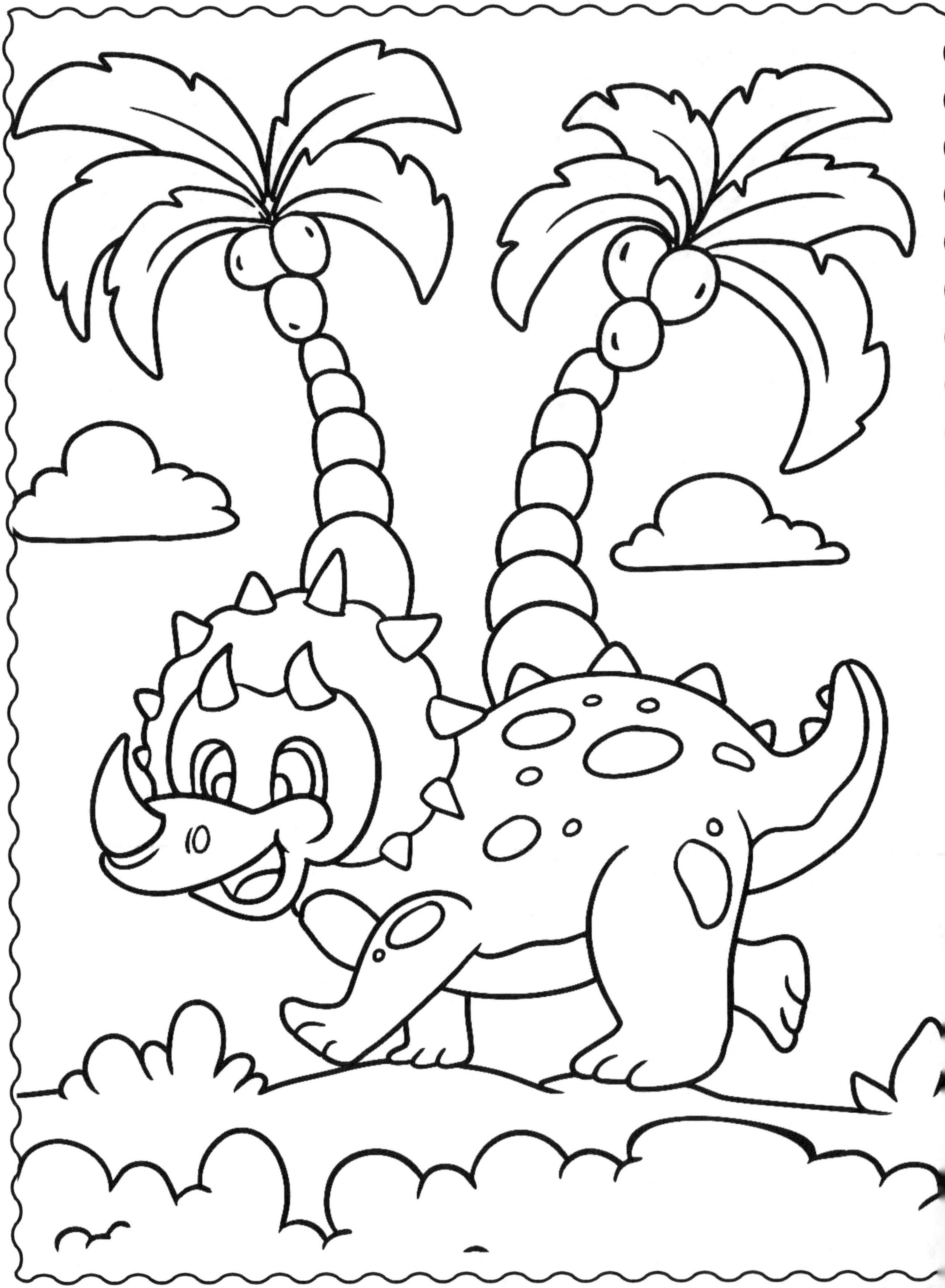

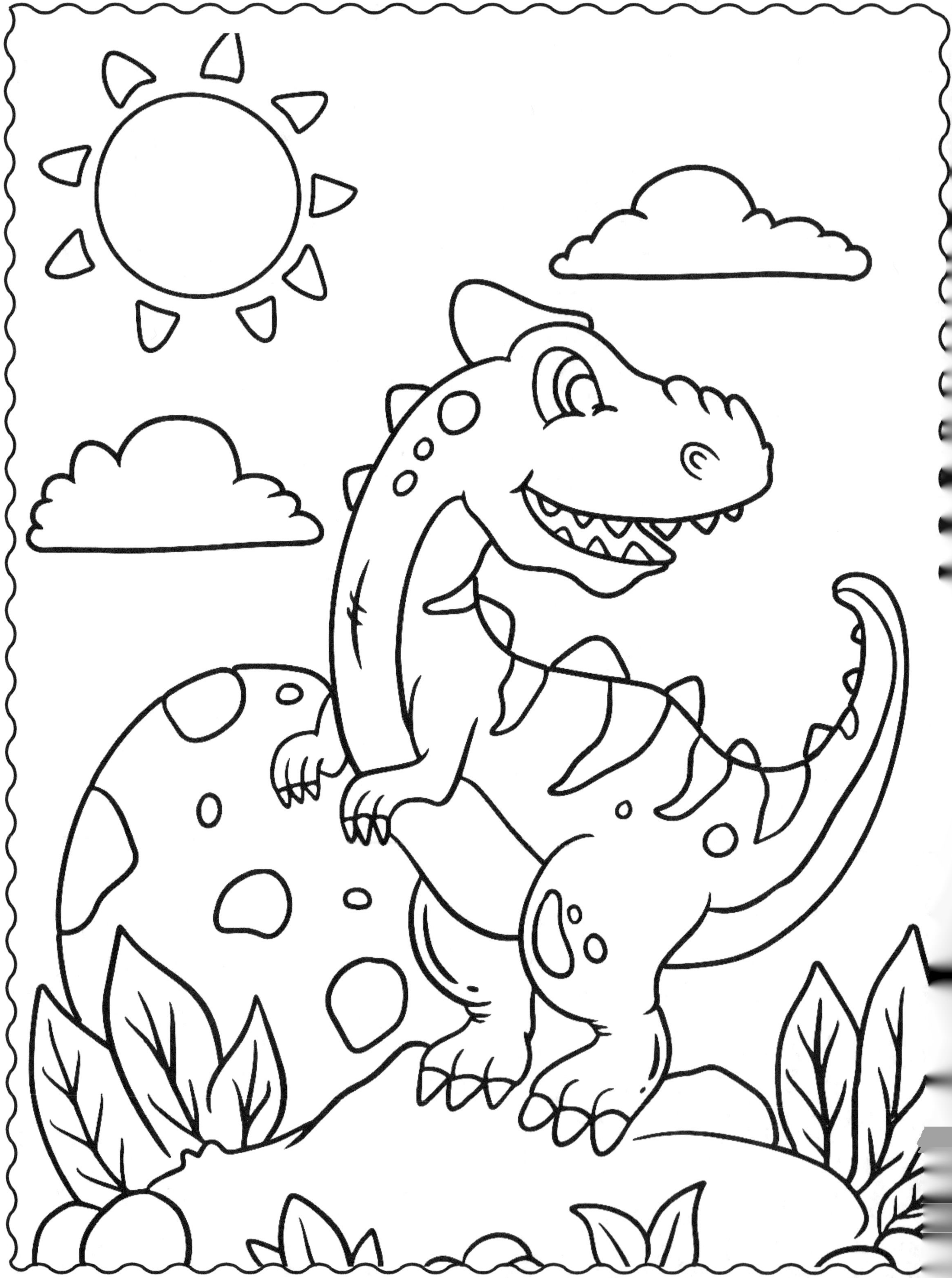

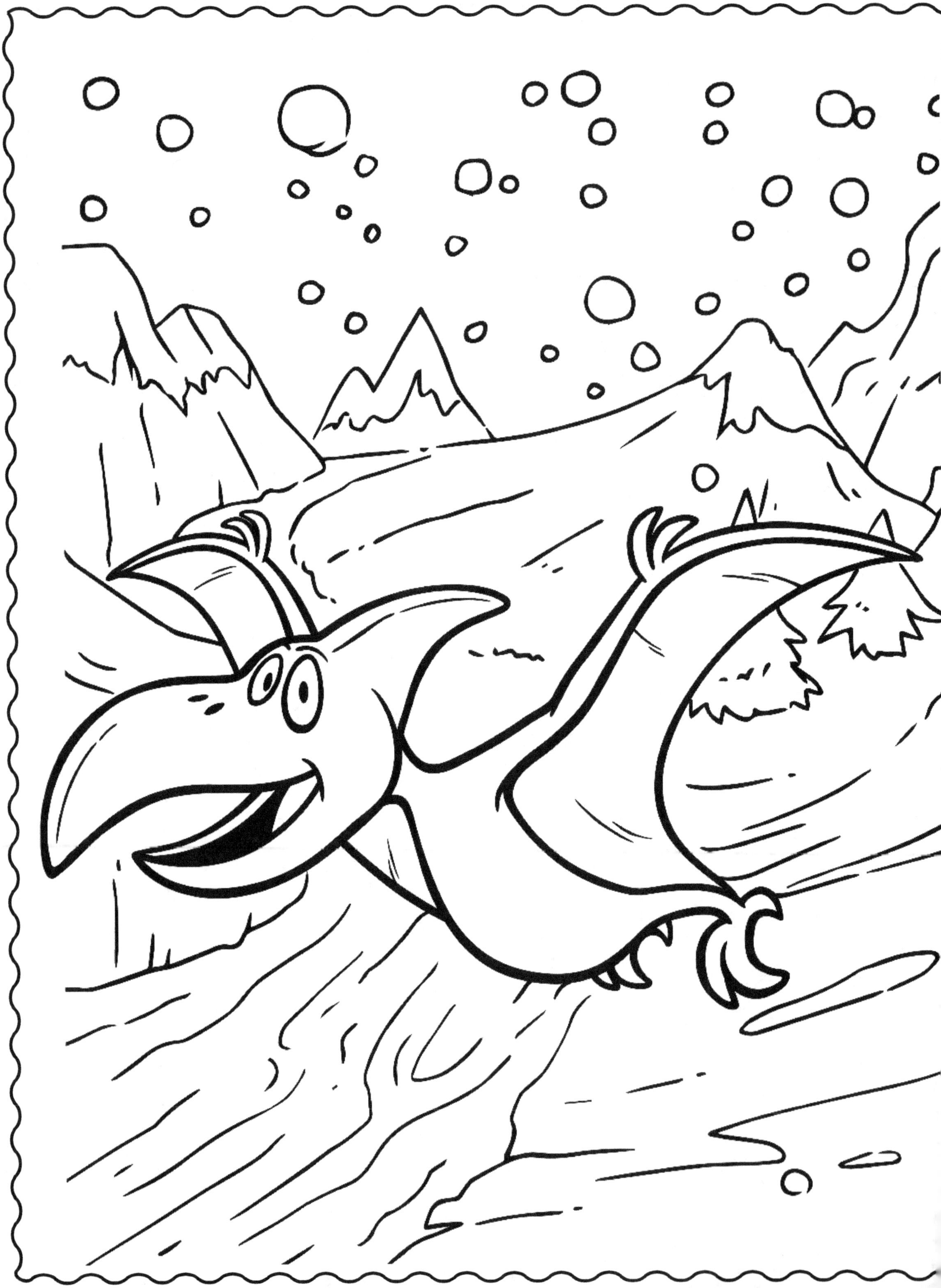

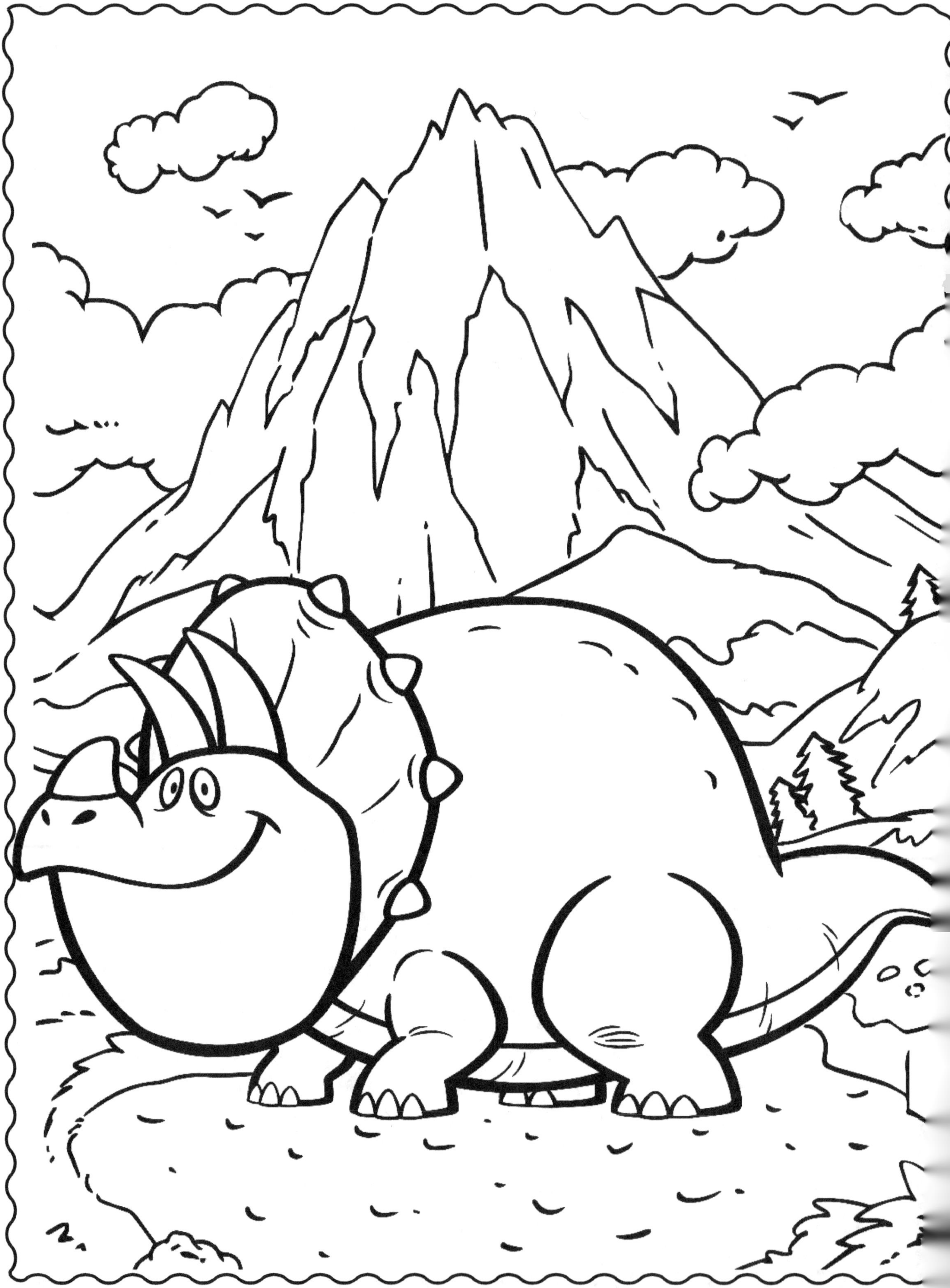

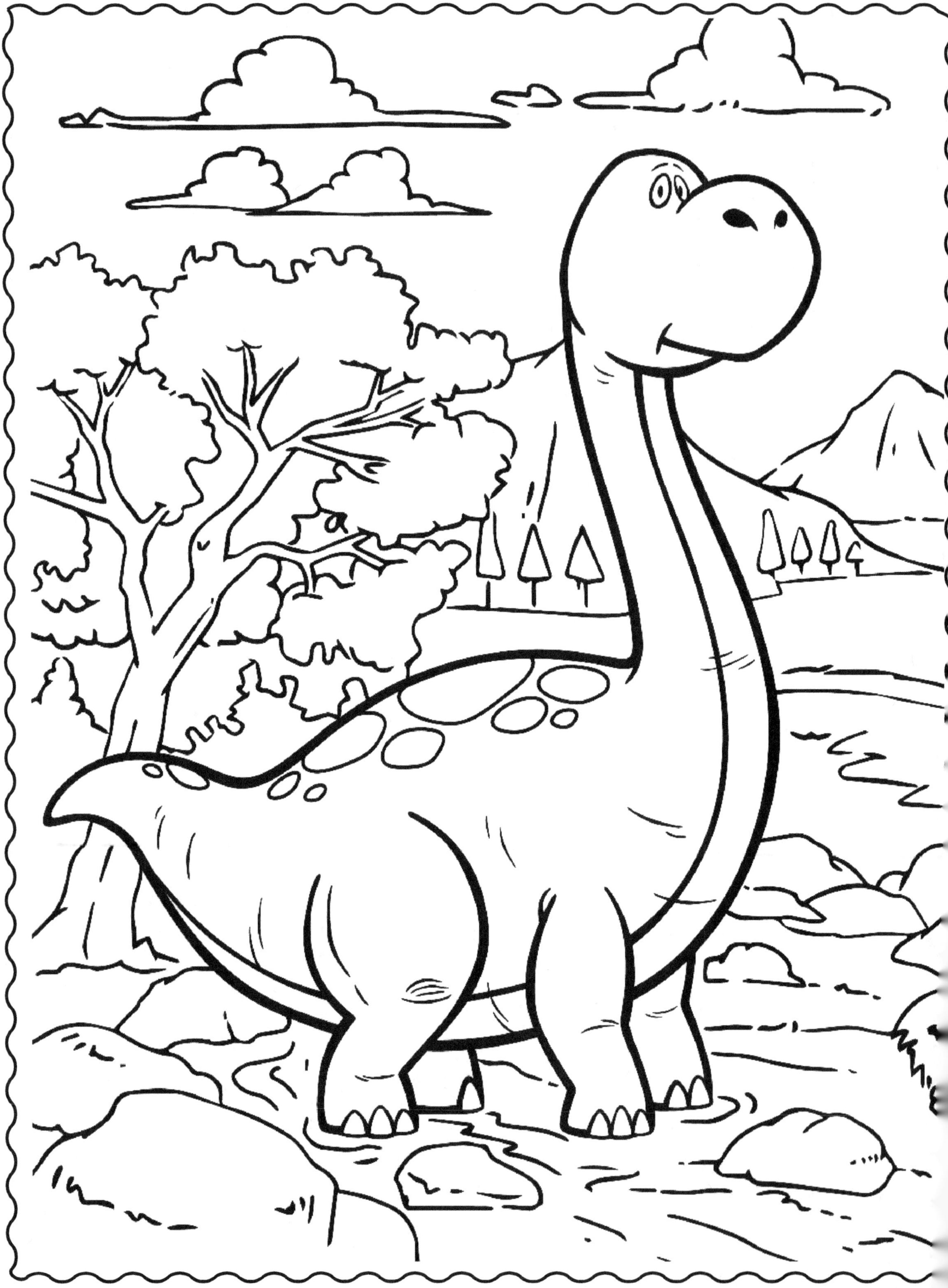

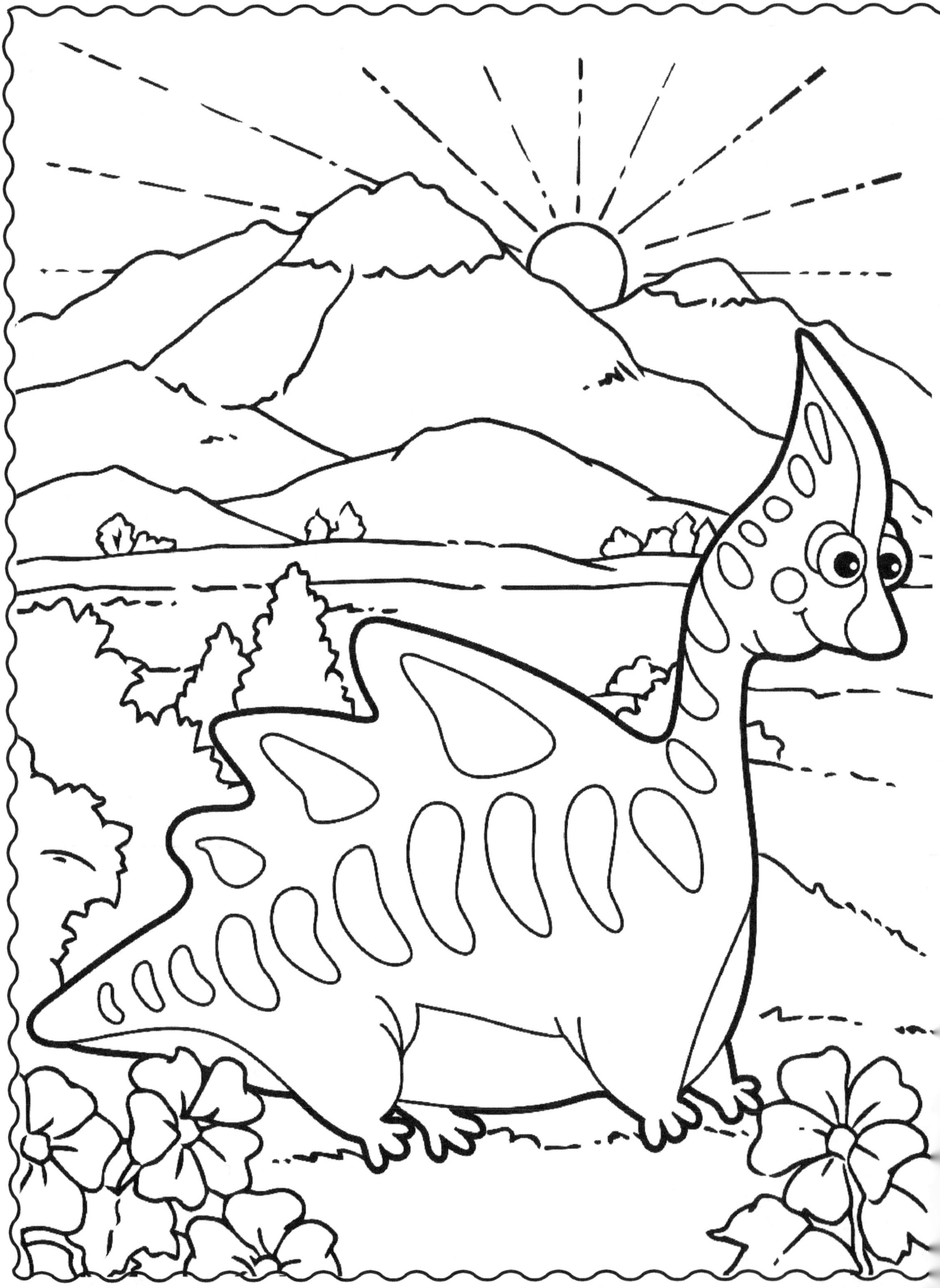

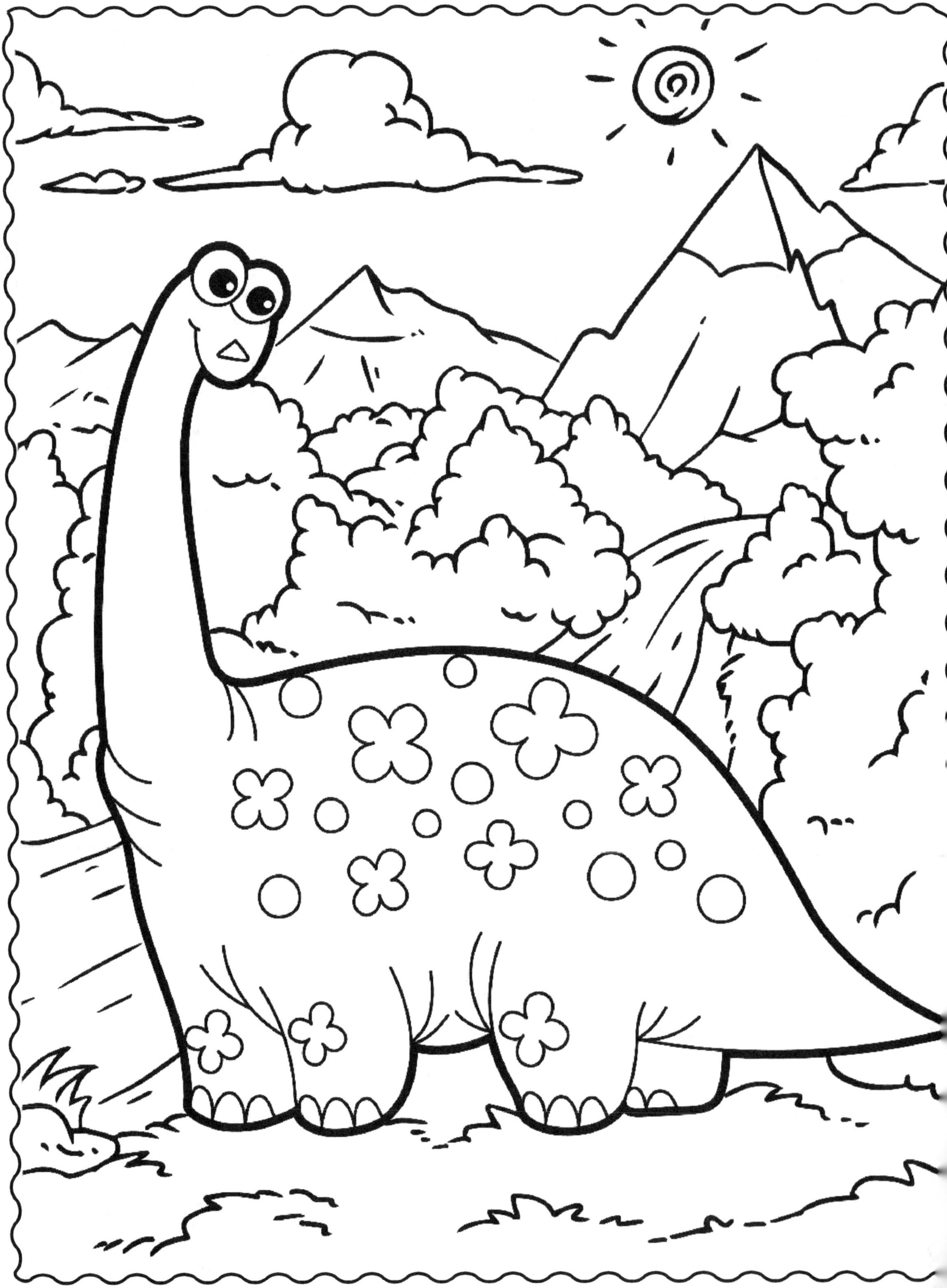

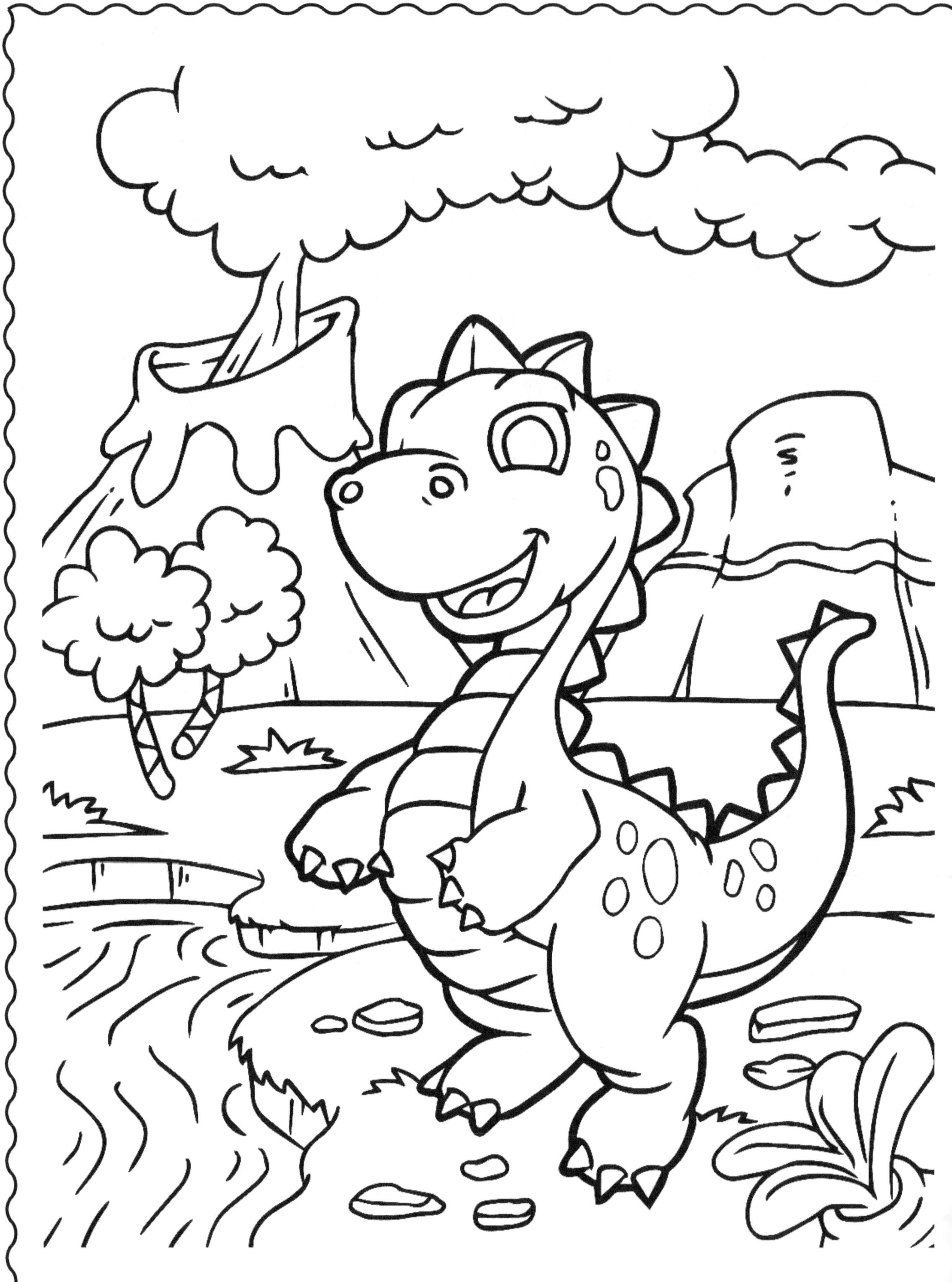

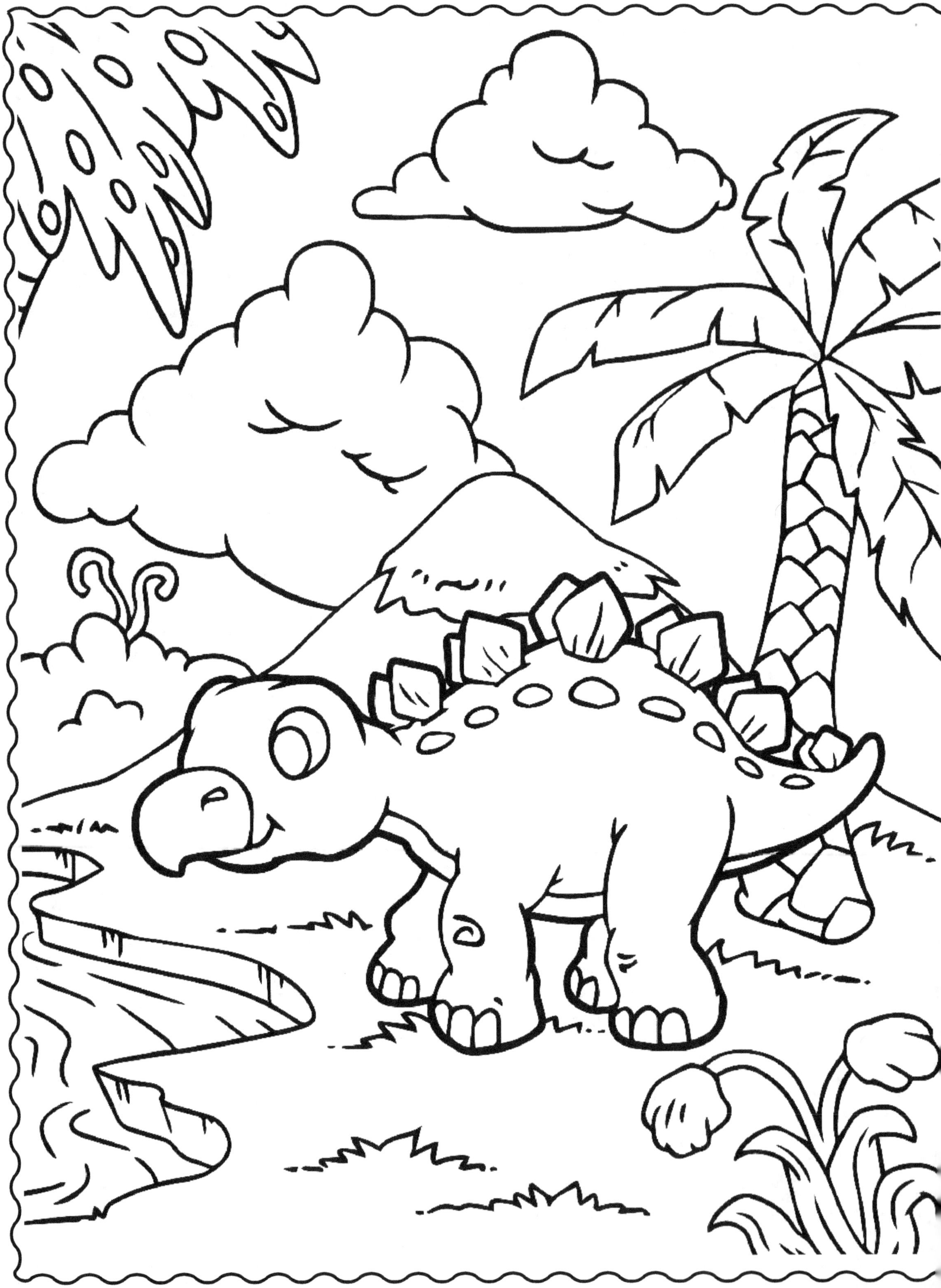

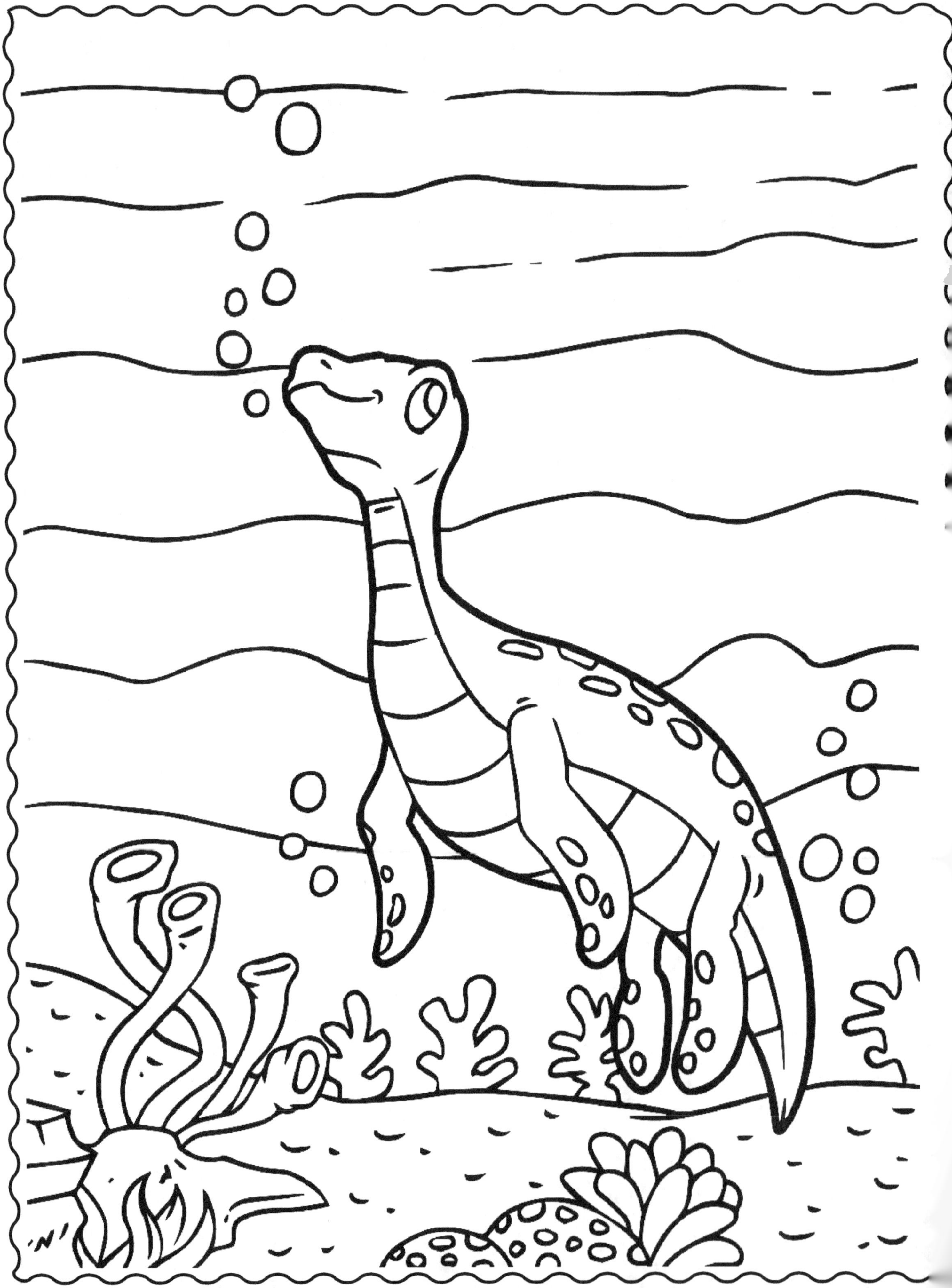

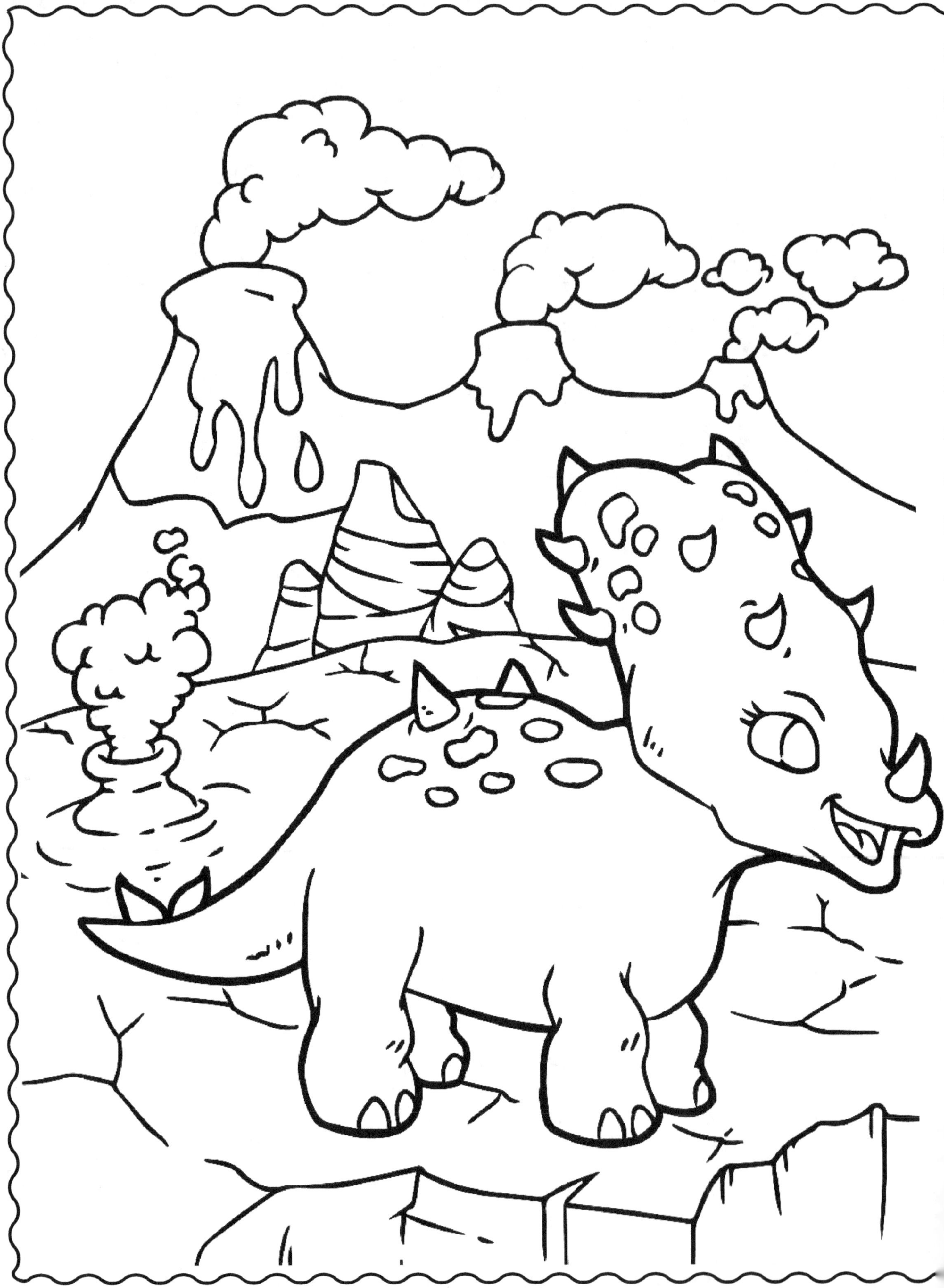

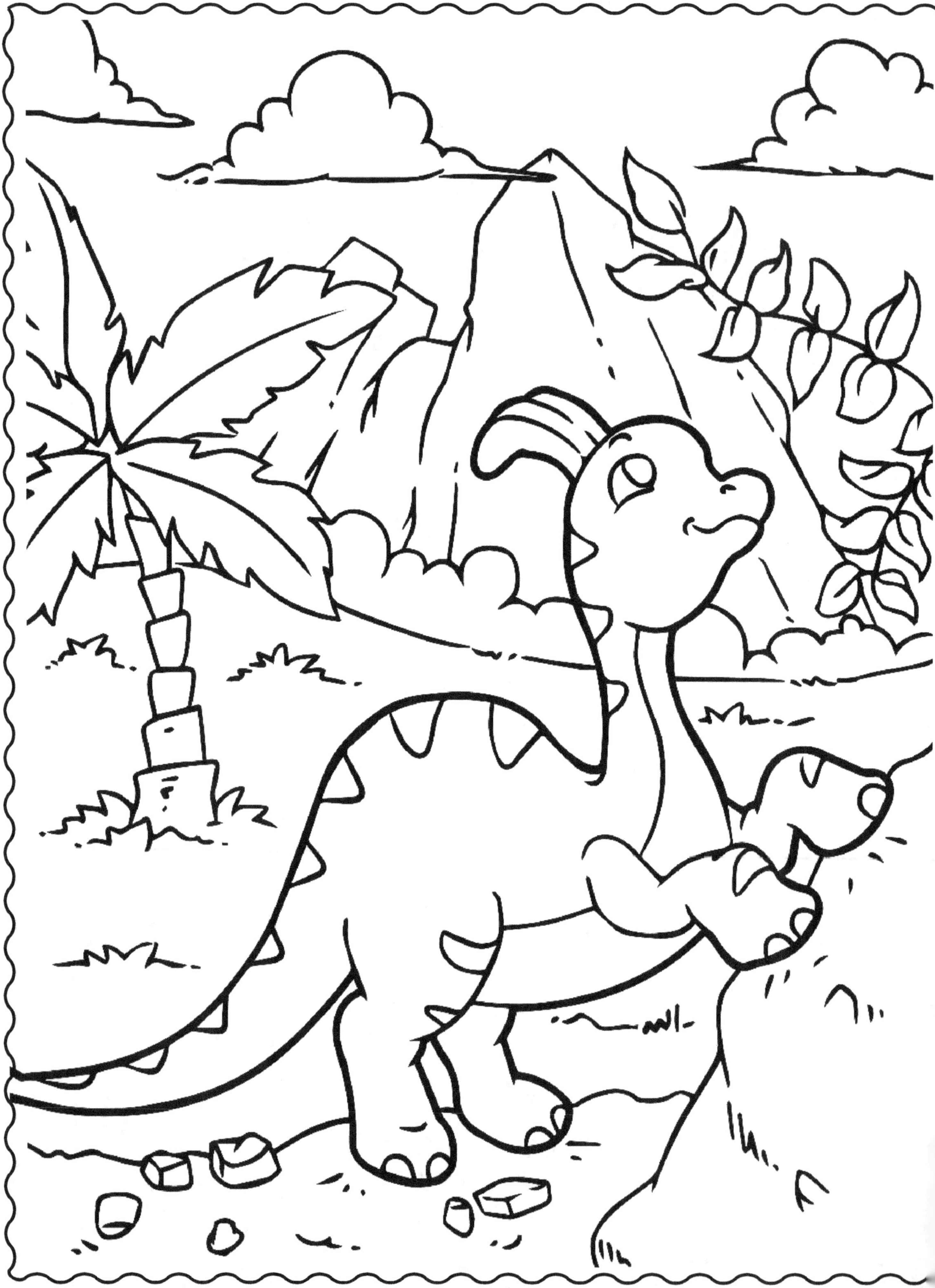

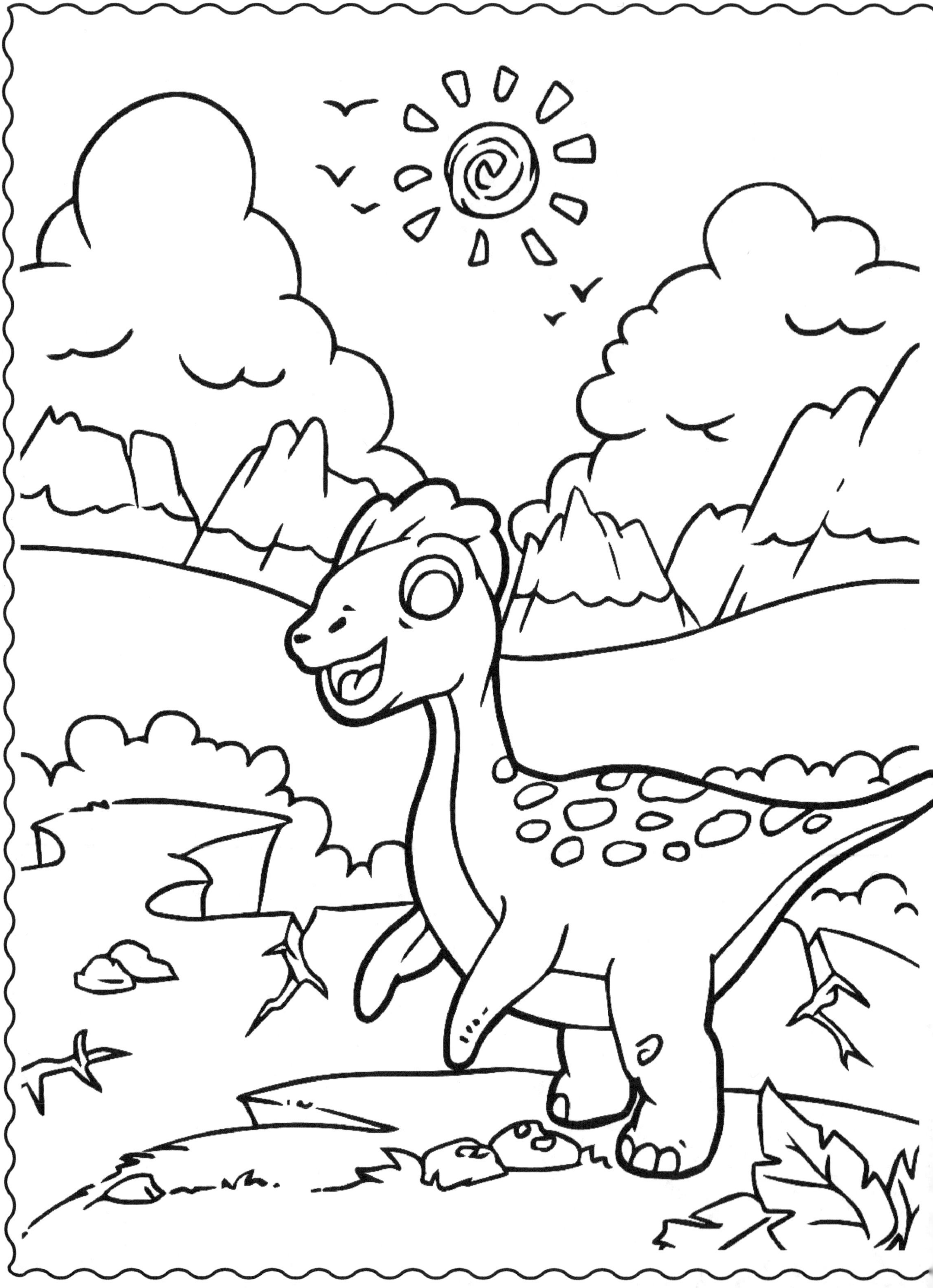

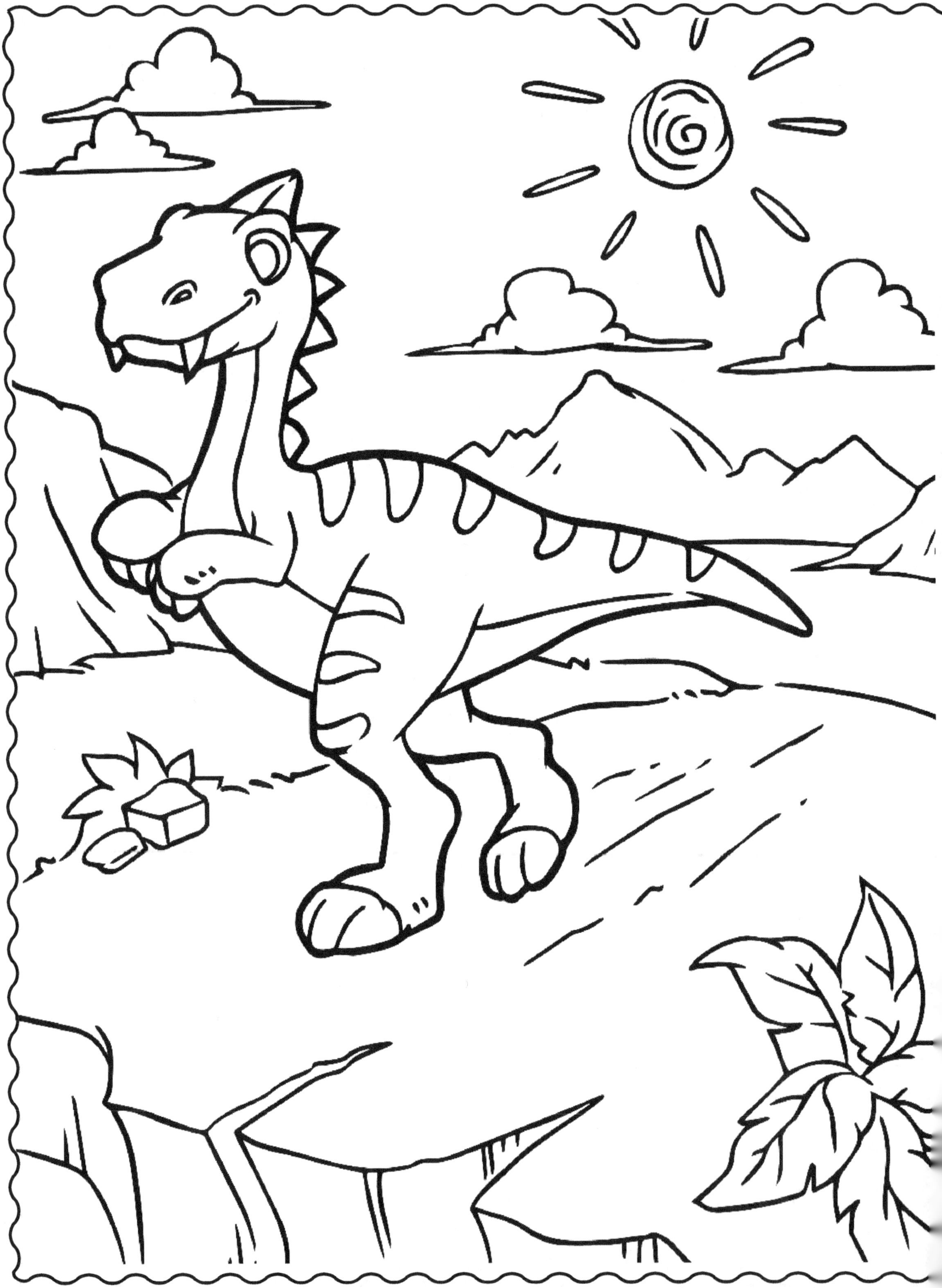

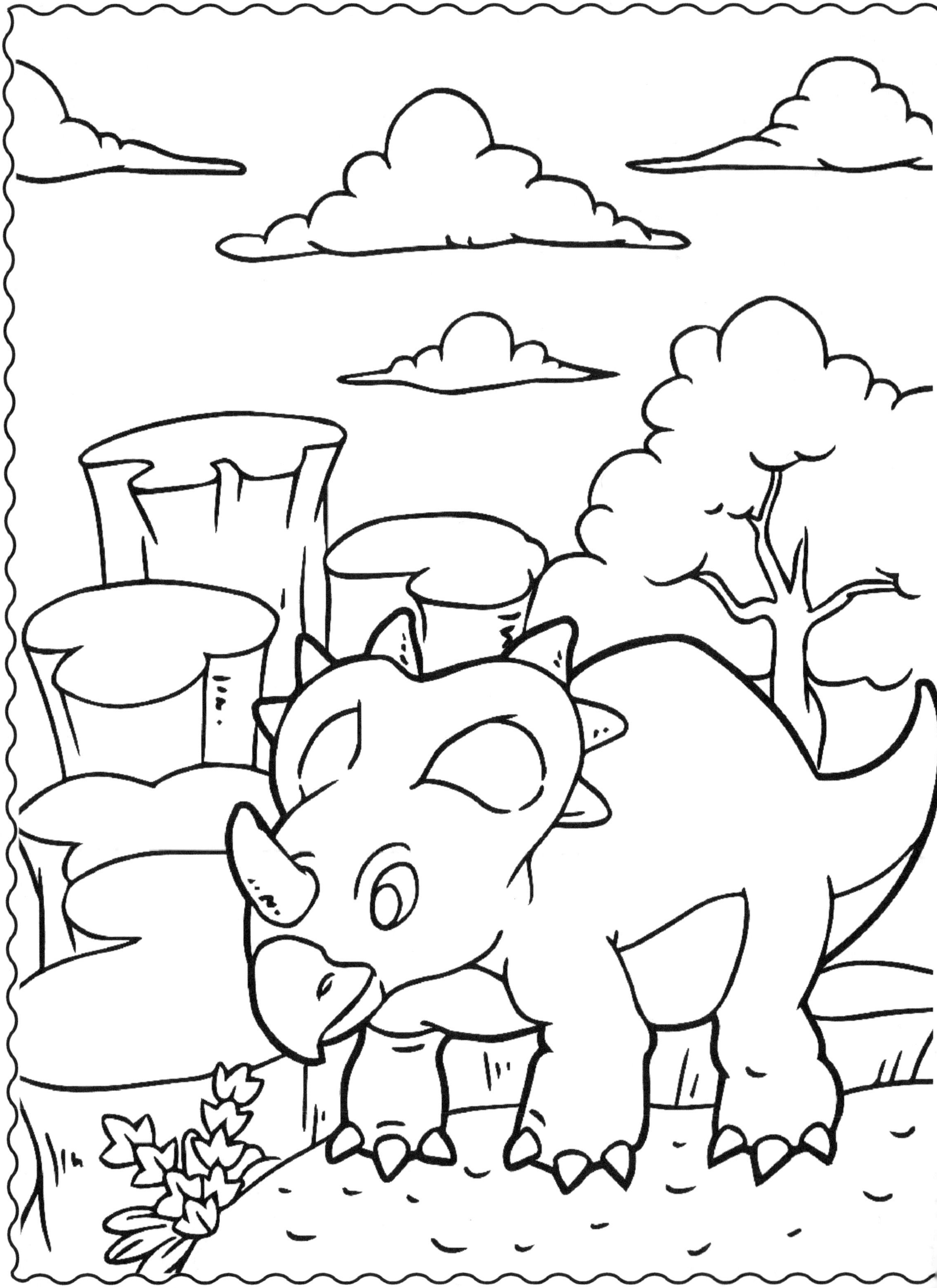

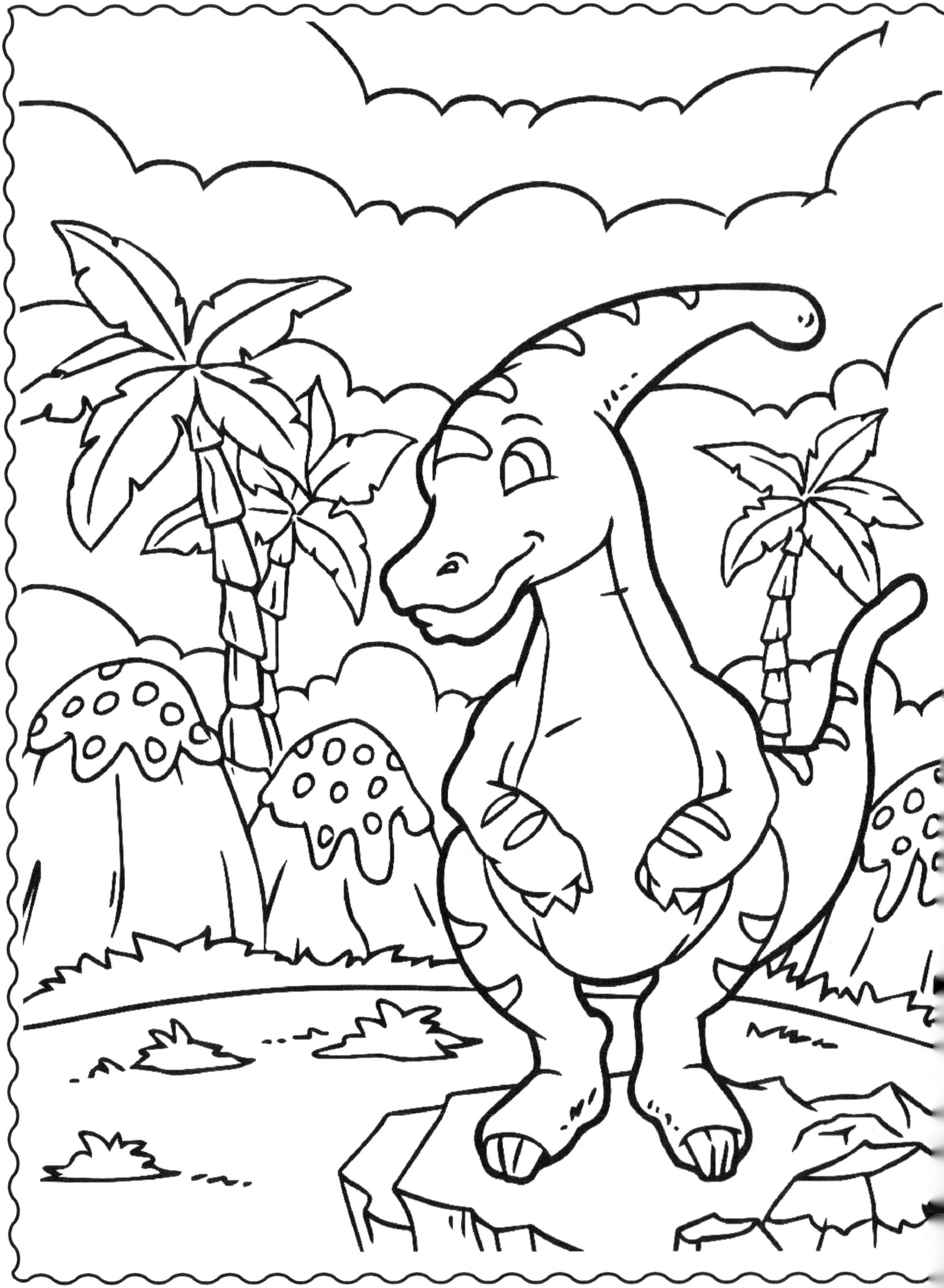

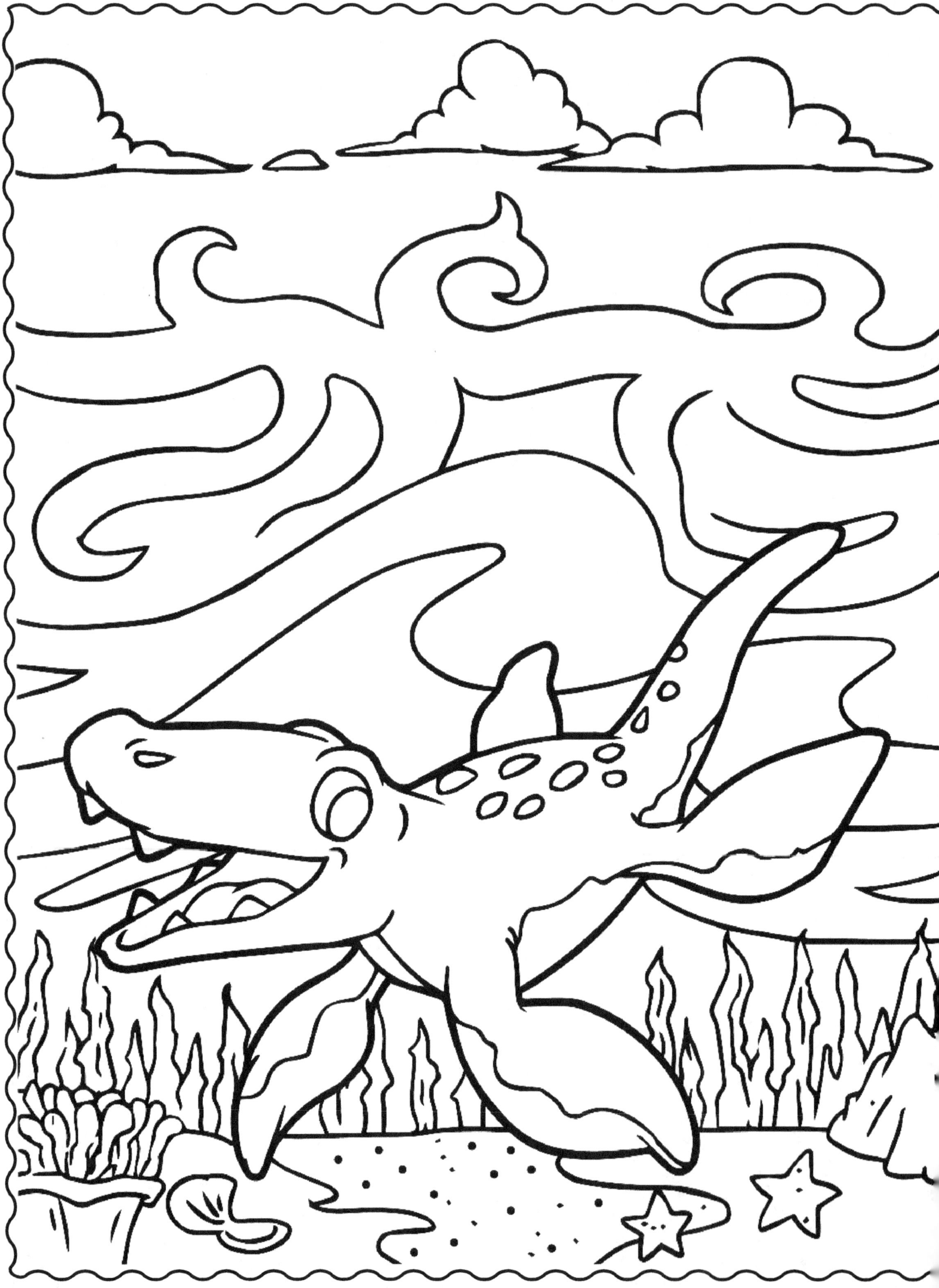

www.ingramcontent.com/pod-product-compliance
Lightning Source LLC
Chambersburg PA
CBHW081400160726
48000CB00010B/3420
* 9 7 9 8 6 4 6 4 9 3 6 5 2 *